湖北省国有博物馆
馆藏陶瓷文物保护及活化研究

主　编　彭　放　李　奇
副主编　吴红敬　余　艺　刘　真

武汉理工大学出版社
·武　汉·

图书在版编目（CIP）数据

湖北省国有博物馆馆藏陶瓷文物保护及活化研究／彭放，李奇主编．—武汉：武汉理工大学出版社，2020.4（2020.7 重印）

ISBN 978-7-5629-3764-7

Ⅰ．①湖…　Ⅱ．①彭…　②李…　Ⅲ．①古代陶瓷－文物保护－研究－湖北　Ⅳ．① K876.34

中国版本图书馆 CIP 数据核字（2020）第 066336 号

项 目 负 责 人：王　思
责 任 编 辑：王　思
责 任 校 对：王利永
版 面 设 计：艺欣纸语
出 版 发 行：武汉理工大学出版社
社　　　　址：武汉市洪山区珞狮路 122 号
邮　　　　编：430070
网　　　　址：http://www.wutp.com.cn
经　　　　销：各地新华书店
印　　　　刷：武汉中远印务有限公司
开　　　　本：710×1000　1/16
印　　　　张：14.5
字　　　　数：227 千字
版　　　　次：2020 年 4 月第 1 版
印　　　　次：2020 年 7 月第 2 次印刷
定　　　　价：198.00 元

编撰组成员

主　编　彭　放　李　奇

副主编　吴红敬　余　艺　刘　真

参加调研和编写的人员

湖北省文物事业发展中心：彭　放

湖北省文物交流信息中心：吴红敬　李　奇　王　吉　余　艺　刘　真

　　　　　　　　　　　　黎　畅　张济夏　周　丹　王汉生　袁　方

　　　　　　　　　　　　高斯迪　陈小燕

荆州博物馆：江　月

荆门市博物馆：邬　涵

咸宁市博物馆：李　清

十堰市博物馆：丁振东

盘龙城遗址博物院：韩用祥

秭归县文物事业管理局：周　浩

武汉理工大学艺术与设计学院：程伊妮（研究生）　朱英哲（研究生）

湖北工业大学艺术设计学院：刘赛男（研究生）　王丽苹（研究生）

中华民族具有五千多年连绵不断的文明历史，创造了博大精深的中华文化，留下了极其丰厚的文化遗产。文物是不可再生的历史文化资源，是国家文明的"金色名片"。丰富多彩、博大精深、源远流长的中华文化是中华民族形成和发展的精神命脉，是涵养社会主义核心价值观的重要源泉。党的十九大提出，要加强文物保护利用和文化遗产保护传承，这是文博事业的神圣使命，切实做好文物保护工作则是广大文博工作者的光荣职责。

湖北省地处祖国中部，九省通衢，汇东西南北之长，承楚文化之绪，具有悠久的文化历史，文物资源极为丰富，素有文物大省之誉。中华人民共和国成立后，湖北省各级政府和文博机构切实履职，保护了一大批科学、艺术、文化价值极高的珍贵文物，其中绝大部分都收藏在各级国有博物馆中。2013年，国务院启动第一次全国可移动文物普查，我省文博工作者历时5年，圆满地完成了此次普查任务。根据第一次全国可移动文物普查数据可知，我省国有文物收藏单位收藏的可移动文物总量为1 531 877件/套，实际数量为2 187 192件。湖北省国有文物收藏单位收藏的可移动文物，数量居于前五位的分别是：钱币804 033件/套，占比53.28%；瓷器103 251件/套，占比6.84%；邮品87 476件/套，占比5.80%；陶器83 011件/套，占比5.50%；铜器63 095件/套，占比4.18%。

《国家文物事业发展"十三五"规划》指出，各地要"加强可移动文物修复。制定文物病害程度和健康状况分析评估标准，实施馆藏珍贵文物保护修复工程"。为进一步弄清我省馆藏文物保护状况，科学准确地编制我省可移动文物保护规划，有重点、有针对性地开展馆藏文物保护利用工作，根据我省实际情况并结合《国家文物事业发展"十三五"规划》，湖北省文物局制订了计划，重点对我省纺织品、漆木器、书画、铜器、陶瓷器等五类文物分期开展专项调查研究。

2018年2月，湖北省文物局组织湖北省文物交流信息中心实施了"湖北省国有博物馆馆藏陶瓷类文物保护利用研究"课题。该课题以第一次全国可移动文物普查数据为基础，以国有博物馆馆藏陶瓷类文物为研究对象，通过统计调查、实地调查和问卷调查等方式，基本弄清了湖北省国有博物馆馆藏陶瓷类文物资源总体情况，以及湖北省陶瓷类文物保护利用现状；在基本弄清湖北省陶瓷类文物保存数量、分布情况的基础上，对陶瓷类文物的管理、保护、展陈、利用及文创开发等进行了研究。2018年年底课题组完成该课题任务，并提交了"湖北省国有博物馆馆藏陶瓷类文物保护利用研究"课题报告，为湖北省各级文物行政主管部门、湖北省各国有博物馆和社会公众保护利用陶瓷类文物提供了重要参考。《湖北省国有博物馆馆藏陶瓷文物保护及活化研究》的编撰出版亦为此课题的重要成果。

本书由彭放、李奇担任主编，吴红敬、余艺、刘真担任副主编。其中，彭放、李奇负责本书的整体统筹规划及审阅工作，吴红敬负责本书整体结构规划安排，具体负责本书各部分编撰工作的同志是余艺（第一章）、黎畅（第二章）、袁方（第三章）、王汉生（第四章）、高斯迪（附录）。限于篇幅，课题组调研工作照片、部分陶瓷藏品图片及课题相关论文等资料以二维码的形式附在书中相应位置，读者使用手机等移动端扫码即可获取相关电子版资料。这部分内容由刘真负责整理。

陶瓷类文物的保护及活化研究是一项系统工程，限于编者的知识水平，书中难免存在错漏之处，殷切盼望各位读者不吝指正。

彭　放

2019年10月

C目录
ontents

第一章
概述

第一节　湖北概况

一、地理位置

　　湖北省位于我国华中腹地，洞庭湖以北，故名湖北，地跨东经108° 21′ 42″～116° 07′ 50″、北纬29° 01′ 53″～33° 06′ 47″。全省地势大致为东、西、北三面环山，中间低平，略呈向南敞开的不完整盆地形式，长江、汉江贯穿其中。湖北行政区划北接河南，南接江西、湖南，西连重庆，东邻安徽，西北与陕西接壤，得天独厚的地理位置使湖北成为东西南北文化交流的必经之地，具有汇集各路文化的地缘优势。

二、历史概况

　　湖北历史悠久。夏王朝时期，夏文化的影响已经到达江汉地区。商朝建立后，湖北即纳入商的版图。西周时期，湖北境内已出现诸多小国，春秋战国时期，南方诸国逐渐统一于楚。

　　秦始皇统一中国（公元前221年）后，废除分封，实行郡县制，湖北大部属南郡，西北、北、西南各一部分属汉中、南阳、长沙、黔中和九江郡，并置若干县。

西汉（公元前206—公元25年）时期，湖北大部属荆州刺史部，东汉（25—220年）时期，沿置南郡、南阳郡、江夏郡以及汉中郡、庐江郡等。

三国（220—280年）时期，魏、蜀、吴争夺荆州，后魏、吴分置江夏郡、武昌郡、南郡、宜都郡、建平郡、武陵郡、长沙郡、襄阳郡、南阳郡、南乡郡、义阳郡、魏兴郡、新城郡、上庸郡等。

两晋（265—420年）时期，湖北大部仍属荆州之江夏、襄阳、南郡、建平、宜都、义阳、南乡、南阳、上庸、新城以及南平、长沙、天门、武陵、魏兴等郡，开始侨置州、郡、县。

南北朝（420—589年）时期，湖北主要属南朝范围，仍设州、郡、县，侨置州、郡、县增多，变更频繁，建制紊乱。

隋朝（581—618年）统一全国后，先撤销侨置州、郡、县，隋大业三年（607年）又行恢复。今湖北除西北部分和东部一隅外，绝大部分属荆州，统领南郡、夷陵、竟陵、沔阳、清江、襄阳、舂陵、汉江、安陆、永安、江夏等郡。隋开皇九年（589年）江夏郡曾一度改称鄂州，治江夏，后来鄂州又成为治所。今湖北简称鄂即源于此。

唐代（618—907年）初，全国分为十道，后增至十五道。湖北西部为山南东道，东部为淮南道，东南部为江南西道，西南部为黔中道。改江夏郡置鄂州，并改京山、富水置郢州，另有襄州、随州、均州、房州、峡州、复州、全州和蕲州、安州、黄州以及沔州等十五州。后设山南东道节度使、荆南节度使、武昌节度使，分领各州。

五代十国时期（907—960年），湖北境内的襄、均、房、随、郢、复、安七州一直属于五代，黄、蕲、鄂三州初属吴，后属南唐；黄、蕲二州复又归后周。江陵地区的南平国（924—963年）建都江陵，据荆、归、峡三州；施州属蜀。

宋代（960—1279年）在湖北中部设荆湖北路（湖北之名始此），有鄂、复、峡、归诸州和江陵府、德安府以及荆门军、汉阳军等（辖县33个），占湖北大部分地区；北部设京西南路，有随、金、房、均、郢诸州和襄阳府以及光化军等（辖县19个）；东部约以长江为界，北部属淮南西路，有蕲、黄二州（辖县5

个），南部属江西南路，为兴国军（辖县3个）；西部的施州属夔州路；鄂西南为羁縻州。

元代（1279—1368年）在全国设3个中书省、11个行中书省。今湖北境内，长江以南属湖广行省（治江夏，今武汉市武昌区），有武昌路、兴国路、汉阳府与归州；长江以北属河南行省，有襄阳路、黄州路、蕲州路、中兴路、峡州路和安陆府、沔阳府及荆门州；西北部一隅属陕西行省，西部夔州路、羁縻州属四川行省。

明代（1368—1644年）初，湖北属湖广行省。后全国分为十三个布政使司。今湖北全境基本属于湖广布政使司（治江夏，今武汉市武昌区），有武昌府、汉阳府、黄州府、承天府、德安府、荆州府、襄阳府、郧阳府。

清代（1644—1911年）初仍沿用明制。至康熙三年（1664年）湖广分治，大体以洞庭湖为界，南为湖南布政使司；北为湖北布政使司，定为湖北省，省会武昌。是为湖北省建省之始，省名从此确立并沿用至今。湖北领武昌、汉阳、黄州、安陆、德安、荆州、襄阳、郧阳8府，湖北省行政区域之概貌已经基本形成。至清末，湖北省共领武昌、汉阳、安陆、襄阳、郧阳、德安、黄州、荆州、宜昌、施南10府和荆门直隶州、鹤峰直隶厅共60县、6散州、1散厅。

民国年间（1912—1949年），湖北省总体区划变化不大。1912年，废除府、州、厅建制，重新划分，省下设道、县两级行政区；1927年，废除道一级建制，实行省、县两级行政区；1932年于省、县之间增设行政督察区；至1949年，湖北省共设1市（武昌市）、8行政督察区、69县。另，汉口有时为省辖市，有时为特别市。

自1927年始，中国共产党领导的人民革命武装建立过许多革命政权。土地革命战争时期成立过黄安农民政权，扩建为鄂豫皖特区苏维埃政府、鄂豫皖省苏维埃政府；湘鄂西苏维埃五县联县政府，后改为湘鄂西苏维埃政府、湘鄂西省苏维埃政府。抗日战争时期的1941年4月成立鄂豫边区行政公署，1945年10月—1946年6月，扩大成立为中原解放区行政公署。1946年8月—1947年5月，在鄂西北先后建立过5个地区。1947年底，分别成立江汉行政公署和鄂豫行政公署。1949年5

月，湖北省人民政府成立。

中华人民共和国成立后，湖北行政区划进行过一系列变化调整。截至2019年，湖北省有12个省辖市，1个自治州，39个市辖区，25个县级市（其中3个省直管市），36个县，2个自治县，1个林区。其中，省辖市依次是武汉市、黄石市、襄阳市、荆州市、宜昌市、十堰市、孝感市、荆门市、鄂州市、黄冈市、咸宁市、随州市，自治州为恩施土家族苗族自治州。

三、文化概况

（一）文化的重要发祥地

湖北省地处长江中游，位居华中腹地，是中华民族灿烂文化的重要发详地之一。在湖北郧县等地考古发现的郧县人化石表明，早在七八十万年前，我们的祖先就在这块土地上辛勤劳作，繁衍生息。湖北早期文化的代表是江汉地区的屈家岭文化，屈家岭文化遗址出土了大量新石器时代的石器和陶器，其中的蛋壳彩陶、壶形器和带谷壳的红烧土具有很高的研究价值，反映出当时的农耕、水利、渔猎、手工业、纺织业已经发展到相当的程度，是楚文化发展的源头。武汉市北盘龙城商代中期城址的发掘和省内其他地区商代铜器的出土，说明商朝势力已经远播到湖北汉水流域和长江南北。

（二）荆楚文化

西周时期，湖北省境内出现以楚国为代表的诸多小国。东周时期，楚国以荆楚为基础逐渐壮大起来。春秋战国时期，楚国国力进一步强盛，势力所及，东达吴越、齐鲁之境，北至陈卫郑宋等中原腹地，南达湖南，横跨江淮，形成霸业，威服华夏。楚国社会经济大步发展，铜器生产达到登峰造极的地步，铁器生产得到改善和推广，丝织、刺绣、髹漆、采矿、水陆交通、城市建设等各行各业欣欣向荣。历经800多年，楚国政治、经济、文化都达到了鼎盛时期，创造了辉煌灿烂的楚文化，对中华民族的文化发展作出了重大贡献。

（三）经贸文化

魏晋南北朝时期，魏、蜀、吴三国鼎立。由于战乱连年不息，北方流民大量迁入，随着农业发展需要，江汉平原水利事业得到迅速发展，经济作物和渔牧业也十分兴盛。武昌（今鄂州）、江陵、襄阳、夏口（今武昌）等城市兴起，水陆交通便利，促进了商业的发展。

唐代，荆襄鄂地区农业生产取得了相当高的成就，成为全国著名的粮食产区之一。茶叶、柑橘等经济作物的生产与贸易得到空前发展，制漆业为全国之冠，麻丝织、竹编天下闻名，经济发展带来文化的兴盛。

宋元时期，湖北农业经济曲折发展，城市经济与商品贸易比较活跃。

明代，湖北农业经济得到很大发展，有"湖广熟，天下足"的美誉。明中叶，汉口、沙市等城市迅速崛起，交通运输与转口贸易十分发达。

清代，湖北政区正式形成。随着农业生产技术的改进，湖北的农业经济得到长足发展，棉花种植与纺织印染业兴起，经济比较发达。以商业贸易带动手工业发展，汉口、沙市、宜昌等城市经济发展迅猛，带动了整个湖北经济社会的发展。晚清时期，以武汉为中心的湖北洋务运动全面展开，湖北创办了一大批近代企业，推动了湖北民族资本主义经济的发展。

1949年湖北全境解放。在中国共产党的领导下，湖北进入了一个崭新的历史时期。中华人民共和国的成立，开创了中国历史的新纪元，也揭开了湖北经济建设与社会发展的新篇章。[1]

---

[1] 湖北省人民政府. 湖北省情概况[EB/OL].（2019-04-24）[2019-10-14].http：//www.hubei.gov.cn/2018/local/2018gk/201810/t20181001_1348527.shtml.

第二节　湖北省博物馆发展概况

博物馆是保护和传承人类文明的重要殿堂，是连接过去、现在、未来的桥梁，在促进世界文明交流互鉴方面具有特殊作用[1]。近年来，党和政府积极推进社会主义先进文化建设，作为公共文化服务体系的重要组成部分，党和政府高度重视博物馆事业发展，已经将博物馆事业上升为国家战略。博物馆事业获得了前所未有的重视和支持。

湖北历史悠久，文化灿烂，是楚文化的发祥地、三国文化的发生地、首义文化的策源地、红色文化的富集地，是我国文物大省之一，也是我国博物馆事业起步较早、发展较快的省份之一。曾侯乙编钟、越王勾践剑、郭店楚简、云梦秦简、元青花四爱图梅瓶，以及楚国丝绸、漆木器等古代文化艺术珍品享誉国内外，这些弥足珍贵的文化遗产既是湖北悠久历史文化的物质载体和实物鉴证，也是璀璨夺目的中华文化的重要组成部分。

近年来，在国家大力发展博物馆事业的政策指引下，湖北积极推动全省博物馆建设，着力推进国有博物馆公共服务能力提升，大力支持和引导行业博物馆、非国有博物馆的设立和发展，不断丰富和完善全省博物馆体系门类，使得博物馆事业蓬勃发展，博物馆发展步入快车道。

"十二五"以来，湖北省博物馆数量增长迅速，博物馆门类日趋丰富，涉及历史、文化、教育、医药、服装、饮食、民俗、健康、金融、工业、科技、地质、军事等方方面面，具有很强的典型性和代表性。根据湖北省文物局2017年12月底的统计数据，湖北省共有已备案博物馆211家，其中三级以上（含三级）博物馆46家（一级博物馆5家，二级博物馆12家，三级博物馆29家），国有文物类博物

---

[1] 黄瑾，杨丽娜.习近平向国际博物馆高级别论坛致贺信[N/OL].人民日报，2016-11-11（01）[2019-10-15].http://cpc.people.com.cn/n1/2016/1111/c64094-28852061.html.

馆121家，国有行业类博物馆35家，非国有博物馆55家，形成以省博物馆为龙头，以市、州博物馆为骨干，以县级博物馆为基础，以行业博物馆和非国有博物馆为补充的特色鲜明、布局合理的博物馆体系。湖北省博物馆文物藏品总量为177万余件/套，总建筑面积为1 028 996 ㎡，年参观人次近3000万，博物馆数量与文物藏品数量均位居全国前列。

在湖北省博物馆体系中，国有博物馆占据了绝对的主导地位。从博物馆数量上来看，根据2017年年底博物馆数量统计数据可知，湖北省博物馆中，国有博物馆（包含文物系统归口管理的博物馆和国有行业博物馆）占比达到73.90%。从藏品数量来看，根据第一次全国可移动文物普查数据可知，湖北省国有博物馆收藏的可移动文物总量为1 332 318件/套，占湖北省博物馆藏品总量的75.00%。

在当今公共文化服务建设日趋完善的社会主义新时代，湖北省博物馆立足实际，加强管理、改善服务，扎实推进免费开放政策，让文物更加贴近实际、贴近生活、贴近群众，受到了全社会的广泛关注，对实现文化遗产保护成果惠及民生、丰富公众文化生活发挥了积极作用，对建设社会主义核心价值体系、提高社会公众的道德文化素养、增强文化软实力起到了巨大的推动作用，为促进湖北省经济社会发展作出了重要的贡献。

第三节 研究标准及方法

一、调研范围

"湖北省国有博物馆馆藏陶瓷类文物保护利用研究"课题，以第一次全国可移动文物普查（2012年10月—2016年12月）过程中，在全国可移动文物信息登录平台系统登记录入的湖北省内收藏有陶瓷类文物的128家国有博物馆为调查对象，其中一级博物馆5家，二级博物馆10家，三级博物馆28家，其他博物馆85家。

二、调研遵循的相关法律法规、行规标准及政策依据

（一）相关法律法规

（1）《中华人民共和国宪法》（节选）第二十二条

（2）《中华人民共和国文物保护法》

（3）《中华人民共和国文物保护法实施条例》

（4）《博物馆条例》

（5）《博物馆管理办法》

（二）相关行规标准

（1）《馆藏文物保存环境质量检测技术规范》（WW/T 0016—2008）

（2）《馆藏文物出入库规范》（WW/T 0018—2008）

（3）《陶质彩绘文物病害与图示》（WW/T 0021—2010）

（4）《可移动文物病害评估技术规程　陶质文物》（WW/T 0056—2014）

（5）《可移动文物病害评估技术规程　瓷器类文物》（WW/T 0057—2014）

（6）《馆藏文物登录规范》（WW/T 0017—2013）

（7）《可移动文物保护修复室规范化建设与仪器装备基本要求》（GB/T 30238—2013）

（8）《馆藏文物防震规范》（WW/T 0069—2015）

（9）《博物馆定级评估标准》

（三）相关政策依据

（1）《国家"十三五"时期文化发展改革规划纲要》

（2）《国家文物事业发展"十三五"规划》

（3）《国家文物局2018年工作要点》

（4）《关于加强文物保护利用改革的若干意见》

（5）《关于实施中华优秀传统文化传承发展工程的意见》

（6）《关于加强"十三五"文物科技工作的意见》

（7）《关于促进文物合理利用的若干意见》

（8）《关于进一步加强文物工作的指导意见》

（9）《长江经济带发展规划纲要》

（10）《推动共建丝绸之路经济带和21世纪海上丝绸之路的愿景与行动》

（11）《关于依托黄金水道推动长江经济带发展的指导意见》

（12）《湖北省文物事业发展"十三五"规划》

（13）《湖北汉江生态经济带开放开发总体规划（2014—2025年）》

（14）关于印发《省文化厅系统大调研工作方案》的通知（鄂文化办〔2018〕5号）

三、调研报告相关术语解释

（一）国有博物馆

国有博物馆是指，国有可移动文物收藏单位内的具有永久非营利性，对公众开放，为社会发展提供服务，以学习、教育、娱乐为目的，搜集、保存、陈列和研究人类文明发展的实物以及自然标本的机构[1]。

---

[1] 王宏钧. 中国博物馆学基础（修订本）[M]. 上海：上海古籍出版社，2001：38.

（二）陶器与瓷器

陶瓷，在中国具有长达万年的发展历史。时至今日，当人们说起陶器或瓷器制品时，都会以"陶瓷"作为其代称。但这只是一种广义上的"陶瓷"，因为按中国硅酸盐学会于1982年对瓷器的界定，并结合我国日用陶瓷的国家标准就会发现，在我国"陶瓷"实际上是三种器物的统称，即陶器、瓷器及炻器。目前古陶瓷界和日用陶瓷界对陶器、瓷器、炻器的界定，通常首先是对瓷器进行界定，不达瓷器标准者，再进行后续划分。

方李莉在其所著的《中国陶瓷史》（上册）中曾述，瓷器应具备三个条件，即：原料为瓷土或高岭土，胎体经1200 ℃及以上高温烧制及器表施高温釉[1]。而我国现行日用陶瓷标准在界定陶器与瓷器时，则引入了另一个概念——吸水率，将吸水率不大于1%的陶瓷器称为瓷器。所以将两者结合起来，便可对陶瓷器有一个初步的划分，即：瓷器的主要原料为瓷土（高岭土、瓷石等），经过1200 ℃及以上高温烧制，存在玻璃质釉层，吸水率不大于1%，胎体敲击有金石之声[2]。如不达以上条件者，再进一步通过吸水率是否高于5%但不超过10%，来判断其是否为炻器[3]，若是超过10%则可定义为陶器。

通过查阅第一次全国可移动文物普查信息可知，湖北省514家国有文物收藏单位在全国可移动文物信息登录平台中，共录入1 531 877件/套（实际数量为2 187 192件）可移动文物的相关信息。其中，陶器有83 011件/套，瓷器有103 251件/套，两者共186 262件/套，占文物总量的12.10%，并且它们中有38.40%存在着不同状况的残损。

[1] 方李莉. 中国陶瓷史：上册[M]. 济南：齐鲁出版社，2013：12.

[2] 吴诗池. 文物学概论[M]. 上海：上海文艺出版社，2002：408.

[3] 徐凯. 浅谈中国炻器与英国炻器的异同[J]. 艺术工作，2018（3）：98–99.

总体来看，湖北省陶瓷类文物存在收藏数量大、残损较为严重的情况。由于中国对古代陶器与瓷器的界定尚存争议[1]，所以在此次湖北省国有博物馆馆藏陶瓷类文物的调研中，仍旧以全国可移动文物信息登录平台系统中，器物"质地"一栏所填信息作为有效信息进行统计分析。

在中国传统艺术中，陶瓷是产生最早、流传最久远、体系最复杂的一种艺术形态。陶瓷具有以下特点：

（1）历史悠久。陶器自一万多年前产生，瓷器自两千多年前产生后，其发展变化的进程直到现在从未中断过，是生产与使用时间最长的人类造物之一。

（2）数量庞大。由于陶瓷是最为普及的生活用具和经贸商品之一，历朝历代遗存至今的陶瓷器数量庞大，且还在不断发掘中，故其具体数量无法统计。

（3）窑口众多。中国被称为"陶瓷之国"，几乎每个地方都有生产陶瓷的历史，窑口数量、产品特点都无法做到精确统计。

（4）品种多样。经过成千上万年的发展，陶瓷已经成为一个复杂的系统。陶瓷的器型多，同一器型尺寸大小变化多，装饰方法多，可谓五花八门。

（5）品质参差不齐。陶瓷的生产与社会政治、经济、文化发展状况密切相关，这就造成同样品种的陶瓷在不同时代、不同地域、不同窑场，品质参差不齐。

（6）用途广泛。作为最重要的生活用具和工艺品，陶瓷器已经渗透到历代中国人生活的方方面面，以满足各种需求。

（7）规范困难。由于陶瓷的广泛性与普遍性，不同时代、不同地域的人对于同一品种陶瓷的称谓和描述各有不同，要实施统一的规范标准比较困难。

（三）年代

调研过程中，以全国可移动文物信息登录平台系统中"年代"一栏所填信息为准，将其中西周、东周、周的陶瓷类文物数量纳入周进行统计分析，西汉、

---

[1] 王建保，张茂林. 重新审视中国古代陶与瓷之界定标准[N]. 中国文物报，2014-04-09（007）.

东汉、汉的陶瓷类文物数量纳入汉进行统计分析，魏、蜀、吴三国的陶瓷类文物数量纳入三国进行统计分析，西晋、东晋、晋的陶瓷类文物数量纳入晋进行统计分析，南朝、北朝、南北朝的陶瓷类文物数量纳入南北朝进行统计分析，北宋、南宋、宋的陶瓷类文物数量纳入宋进行统计分析。故陶瓷类文物数量按照新石器时代、夏、商、周、秦、汉、三国、晋、南北朝、六朝、隋、唐、五代十国、宋、辽、西夏、金、元、明、清、民国、近现代、年代不详的年代分布进行统计分析。

（四）珍贵陶瓷类文物

珍贵陶瓷类文物指器物具有典型时代特征，可作为标准鉴定范本，或器型、装饰方法、烧造工艺较为少见的陶瓷类文物，多已被认定为定级文物。

（五）病害

根据《可移动文物病害评估技术规程 瓷器类文物》（WW/T 0057—2014）的规定，瓷器类文物病害按照毛边、惊纹、冲口、裂缝、破碎、缺损、伤釉、伤彩、侵蚀、附着物、生物损害、盐析等12种瓷器类文物病害种类进行统计分类。其中，毛边、破碎、缺损、伤釉、伤彩、附着物为稳定病害，惊纹、冲口、裂缝、侵蚀、生物损害、盐析为活动病害，惊纹、冲口、裂缝、伤釉、伤彩、侵蚀、附着物、生物损害、盐析为可诱发病害。

根据《可移动文物病害评估技术规程 陶质文物》（WW/T 0056—2014）的规定，陶质文物病害按照龟裂、起翘、空鼓、脱落、变色、剥落、残断、结晶盐、裂纹、裂缝、刻画、酥粉、附着物、硬结物、植物损害、动物损害、微生物损害等17种陶质文物病害种类进行统计分析。其中脱落、剥落、残断、刻画、附着物、硬结物、植物损害、动物损害、微生物损害为稳定病害，龟裂、起翘、空鼓、变色、结晶盐、裂纹、裂缝、酥粉为活动病害，上述17种病害中除刻画外均为可诱发病害。

（六）地区分布

本次调研，湖北省陶瓷类文物地区分布，按照武汉市、黄石市、襄阳市、荆州市、宜昌市、十堰市、孝感市、荆门市、鄂州市、黄冈市、咸宁市、随州市、恩施土家族苗族自治州、天门市、潜江市、仙桃市及神农架林区进行统计分析。

四、调研方法

2018年5月4日，湖北省文物局组织召开了专家咨询会。湖北省博物馆、湖北省文物考古研究所及湖北省文物交流信息中心的5位专家，就"湖北省国有博物馆馆藏陶瓷类文物保护利用研究"课题大纲内容及调研方法进行了研讨，并提出了以下三条意见：

（1）需选择具有代表性的博物馆作为样本进行初步调查，明确调查目标，完善调查内容。

（2）调研过程中，需深度挖掘所调查陶瓷类文物的价值。

（3）由于调研时间较短，需确定调查重点，目前侧重于调查陶瓷类文物保存状况、陶器的预防性保护、陶瓷器残损情况等。建议今后进一步开展系列性的调研工作。

针对专家意见，最终采取统计调查、实地调查及问卷调查三种调研方法，并查阅陶瓷类文物相关考古挖掘报告、图录、著述等文献，以顺利完成"湖北省国有博物馆馆藏陶瓷类文物保护利用研究"课题的调研工作。

（一）统计调查

（1）根据第一次全国可移动文物普查信息，对湖北省内陶瓷类文物原始信息数据进行整理汇总。采用数据透视的方法，按"年代分布""文物级别""器物类型""完残情况""珍贵文物"等，从原始数据中摘取所需有效信息进行统计分析。

（2）对陶瓷类文物相关考古挖掘报告、图录、著述等文献资料进行统计分析。

（二）实地调查

由于湖北省国有博物馆数量较多，故无法一一进行实地考察，所以采用抽样调查的方式进行实地调查。具体抽样调查的博物馆为"具有代表性"的博物馆，或"藏有一级陶瓷类文物"的博物馆，或"馆藏陶瓷类文物总量在800件/套以上"的博物馆，其中：

（1）"具有代表性"的博物馆，指藏品数量较多或能代表各区域陶瓷类文物藏品特点的国有博物馆。

（2）"藏有一级陶瓷类文物"的博物馆，指在第一次全国可移动文物普查中登记录入的，湖北省内收藏有一级陶瓷类文物的国有博物馆。

（3）"馆藏陶瓷类文物总量在800件/套以上"的博物馆，指并不具备上述两个条件，但是陶瓷类文物藏品数量较多的博物馆。以"800件/套"作为衡量标准，是从128家藏有陶瓷类文物的博物馆中，去掉藏有陶瓷类文物最多的荆州博物馆及藏有陶瓷类文物最少的一家博物馆后，所得平均数四舍五入到百位后得到的结果：

$$\frac{122\ 265 件/套 - （27\ 370+1）件/套}{128 - （1+1）} \approx 753 件/套$$

即，753四舍五入到百位为800。

按上述条件，调研组以武汉为中心，按西南、西北、东南、东北几个方向，于2018年5月28日—11月9日实地调查了各县、市（州）级国有博物馆共21个，占湖北省藏有陶瓷类文物的国有博物馆数量的16.40%。

实地调查的21家国有博物馆分别是：鄂州市博物馆、浠水县博物馆、蕲春县博物馆、黄梅县博物馆、襄阳市博物馆、老河口市博物馆、丹江口市博物馆、十堰市博物馆、恩施州博物馆、宜昌博物馆、长阳土家族自治县博物馆、宜都市博物馆、枝江市博物馆、荆州博物馆、孝感市博物馆、安陆市博物馆、黄冈市博物馆、武汉博物馆、辛亥革命武昌起义纪念馆、武汉市江夏区博物馆、湖北省博物馆。

根据专家意见第（2）条和第（3）条，在调研过程中，着重了解陶瓷类文物保存状况、陶器的预防性保护、陶瓷器残损情况等，并深度挖掘所调查陶瓷类文物的价值。

（三）问卷调查

根据专家意见第（1）条，经过前期实地调查，进一步明确调查目标后，针对各博物馆实际情况制订了"湖北省国有博物馆馆藏陶瓷类文物调查表"（详见附录二），于2018年10月29日—11月8日分别向湖北省128家收藏有陶瓷类文物的各级国有博物馆发送调查表，共收回93份调查表，其中有效表格87份。

第二章
湖北省陶瓷类文物总体状况

第一节　陶瓷类文物藏品分布特点

根据第一次全国可移动文物普查信息可知，湖北省有128家国有博物馆藏有陶瓷类文物。这128家国有博物馆共藏有陶瓷类文物122 265件/套，其中陶器类文物78 797件/套，瓷器类文物43 468件/套。

一、地区分布情况

湖北省国有博物馆馆藏陶瓷类文物地区分布情况如图2.1、图2.2所示。其中，荆州市所藏陶瓷类文物数量最多，共33 196件/套，占湖北省国有博物馆馆藏陶瓷类文物总量的27.2%；其次是武汉市，收藏陶瓷类文物20 485件/套，占比为16.8%；襄阳市收藏陶瓷类文物15 294件/套，占比为12.5%；宜昌市收藏陶瓷类文物13 508件/套，占比为11.0%；其他各市、州收藏陶瓷类文物50 782件/套，占比为32.5%。

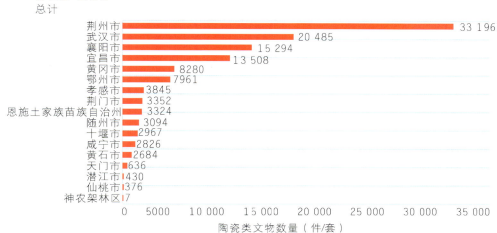

图2.1　湖北省国有博物馆馆藏陶瓷类文物地区分布情况图

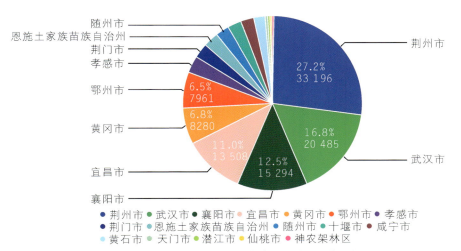

图2.2　湖北省国有博物馆馆藏陶瓷类文物地区分布比例图

　　湖北省国有博物馆馆藏陶器类文物地区分布情况如图2.3所示。其中，荆州市所藏陶器类文物数量最多，共28 425件/套，占湖北省国有博物馆馆藏陶器类文物总量的36.1%；其次是襄阳市，收藏陶器类文物13 540件/套，占比为17.2%；宜昌市收藏陶器类文物10 043件/套，占比为12.7%；武汉市收藏陶器类文物6 812件/套，占比为8.6%；其他各市、州收藏陶器类文物19 976件/套，占比为25.4%。

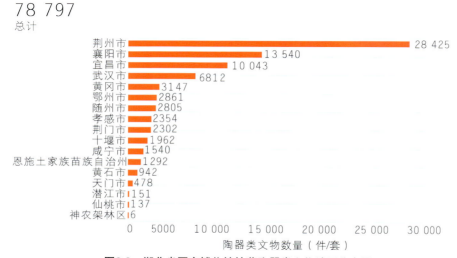

78 797
总计

图2.3　湖北省国有博物馆馆藏陶器类文物地区分布图

　　湖北省国有博物馆馆藏瓷器类文物地区分布情况如图2.4所示。其中，武汉市所藏瓷器类文物数量最多，共13 673件/套，占湖北省国有博物馆馆藏瓷器类文物总量的31.5%；其次是黄冈市，收藏瓷器类文物5 133件/套，占比为11.8%；鄂州市收藏瓷器类文物5 100件/套，占比为11.7%；荆州市收藏瓷器类文物4 771件/套，占比为11.0%；宜昌市收藏瓷器类文物3 465件/套，占比为8.0%，其他各市、州收藏瓷器类文物11 327件/套，占比为26.0%。

图2.4　湖北省国有博物馆馆藏瓷器类文物地区分布图

二、年代分布情况

湖北省国有博物馆馆藏陶瓷类文物年代分布情况如图2.5所示。其中，周代陶瓷类文物数量最多，共24 495件/套；其次是汉代，陶瓷类文物数量为21 086件/套；新石器时代陶瓷类文物数量为17 839件/套；其他年代陶瓷类文物总量为58 845件/套。

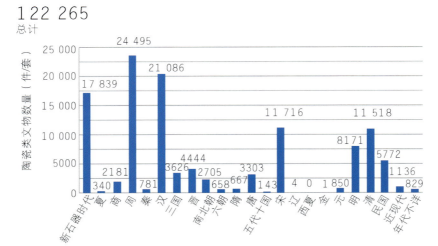

图2.5　湖北省国有博物馆馆藏陶瓷类文物年代分布图

　　湖北省国有博物馆馆藏陶器类文物年代分布情况如图2.6所示。其中，周代陶器类文物数量最多，共24 471件/套；其次是汉代，陶器类文物数量为20 777件/套；新石器时代陶器类文物数量为17 839件/套；其他年代陶器类文物总量为15 710件/套。

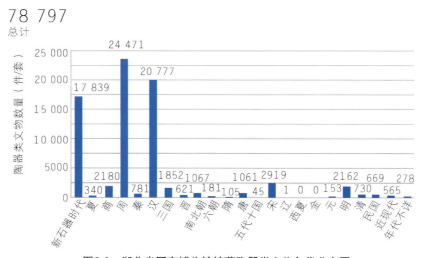

图2.6　湖北省国有博物馆馆藏陶器类文物年代分布图

湖北省国有博物馆馆藏瓷器类文物年代分布情况如图2.7所示。其中，清代瓷器类文物数量最多，共10 788件/套；其次是宋代，瓷器类文物数量为8797件/套；明代瓷器类文物数量为6009件/套；民国时期瓷器类文物数量为5103件/套，其他年代瓷器类文物总量为12 771件/套。

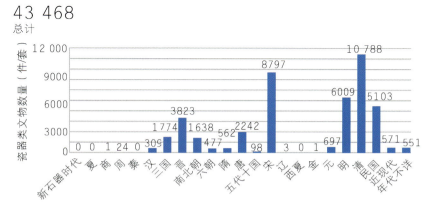

图2.7　湖北省国有博物馆馆藏瓷器类文物年代分布图

三、来源分布情况

湖北省国有博物馆馆藏陶瓷类文物来源情况如图2.8所示。其中，陶器类文物的主要来源方式为发掘，瓷器类文物的主要来源方式为其他。

图2.8　湖北省国有博物馆馆藏陶瓷类文物来源情况图

第二节　陶瓷类文物定级情况

一、陶瓷类文物定级情况概述

　　湖北省国有博物馆馆藏陶瓷类文物定级情况见图2.9及表2.1。其中，一级陶瓷类文物229件/套，其中陶器类文物93件/套，瓷器类文物136件/套；二级陶瓷类文物1466件/套，其中陶器类文物369件/套，瓷器类文物1097件/套；三级陶瓷类文物有24 061件/套，其中陶器类文物13 087件/套，瓷器类文物10 974件/套；一般陶瓷类文物14 296件/套，其中陶器类文物7693件/套，瓷器类文物6603件/套；未定级陶瓷类文物82 213件/套，其中陶器类文物57 555件/套，瓷器类文物24 658件/套。

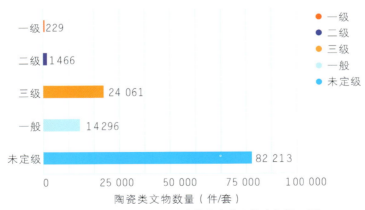

图2.9　湖北省国有博物馆馆藏陶瓷类文物定级情况图

表2.1 湖北省国有博物馆馆藏陶瓷类文物定级情况表

文物级别	文物类别	数量（件/套）	合计（件/套）
一级	陶器	93	229
	瓷器	136	
二级	陶器	369	1466
	瓷器	1097	
三级	陶器	13 087	24 061
	瓷器	10 974	
一般	陶器	7693	14 296
	瓷器	6603	
未定级	陶器	57 555	82 213
	瓷器	24 658	
总计（件/套）			122 265

二、定级陶瓷类文物年代分布情况

湖北省国有博物馆馆藏一级陶瓷类文物年代分布情况如图2.10所示。其中，一级陶器类文物主要分布在新石器时代和周代，一级瓷器类文物主要分布在三国时期及宋代。

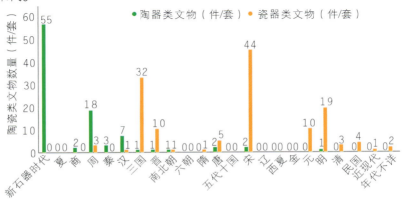

图2.10 湖北省国有博物馆馆藏一级陶瓷类文物年代分布情况图

　　湖北省国有博物馆馆藏二级陶瓷类文物年代分布情况如图2.11所示。其中，二级陶器类文物主要分布在新石器时代、周代和汉代，二级瓷器类文物主要分布在晋代、宋代及清代。

图2.11　湖北省国有博物馆馆藏二级陶瓷类文物年代分布情况图

　　湖北省国有博物馆馆藏三级陶瓷类文物年代分布情况如图2.12所示。其中，三级陶器类文物主要分布在新石器时代、周代、汉代和唐代，三级瓷器类文物主要分布在晋代、宋代及清代。

图2.12　湖北省国有博物馆馆藏三级陶瓷类文物年代分布情况图

三、定级陶瓷类文物保存状况

湖北省国有博物馆馆藏定级陶瓷类文物保存状况见表2.2。其中，腐蚀损毁严重，急需修复的陶瓷类文物有146件/套；部分损腐，需要修复的陶瓷类文物有7377件/套；状态稳定，不需修复的陶瓷类文物有13 296件/套；已修复的陶瓷类文物有4937件/套。

表2.2　定级陶瓷类文物保存状况表

保存状况	一级陶瓷类文物		二级陶瓷类文物		三级陶瓷类文物		总计（件/套）
	数量（件/套）	占比	数量（件/套）	占比	数量（件/套）	占比	
腐蚀损毁严重，急需修复	4	1.75%	3	0.21%	139	0.58%	146
部分损腐，需要修复	57	24.89%	395	26.94%	6925	28.78%	7377
状态稳定，不需修复	153	66.81%	1053	71.83%	12 090	50.25%	13 296
已修复	15	6.55%	15	1.02%	4907	20.39%	4937
总计	229	100%	1466	100%	24 061	100%	25 756

由表2.2可知，一级陶瓷类文物中腐蚀损毁严重，急需修复的有4件/套，占一级陶瓷类文物总数量的1.75%；部分损腐，需要修复的有57件/套，占比为24.89%；状态稳定，不需修复的有153件/套，占比为66.81%；已修复的有15件/套，占比为6.55%。二级陶瓷类文物中腐蚀损毁严重，急需修复的有3件/套，占二级陶瓷类文物总数量的0.21%；部分损腐，需要修复的有395件/套，占比为26.93%；状态稳定，不需修复的有1053件/套，占比为71.83%；已修复的有15件/套，占比为1.02%。三级陶瓷类文物中腐蚀损毁严重，急需修复的有139件/套，占三级陶瓷类文物总数量的0.58%；部分损腐，需要修复的有6925件/套，占比为28.78%；状态稳定，不需修复的有12 090件/套，占比为50.25%；已修复的有4907件/套，占比为20.39%。

第三节 病害情况

一、完残情况

湖北省国有博物馆馆藏陶瓷类文物完残情况如图2.13和图2.14所示。其中，完整的陶瓷类文物数量为22 346件/套（其中陶器类文物9902件/套，瓷器类文物12 444件/套），占陶瓷类文物总量的18.3%；基本完整的陶瓷类文物数量为33 906件/套（其中陶器类文物18 975件/套，瓷器类文物14 931件/套），占陶瓷类文物总量的27.7%；残缺的陶瓷类文物数量为53 848件/套（其中陶器类文物39 530件/套，瓷器类文物14 318件/套），占陶瓷类文物总量的44.0%；严重残缺（含缺失部件）的陶瓷类文物数量为12 165件/套（其中陶器类文物10 390件/套，瓷器类文物1775件/套），占陶瓷类文物总量的10.0%。

图2.13　湖北省国有博物馆馆藏陶瓷类文物完残情况图（一）

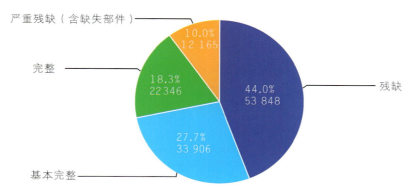

图2.14　湖北省国有博物馆馆藏陶瓷类文物完残情况图（二）

二、病害分析

对残缺或严重残缺（含缺失部件）的陶瓷类文物进行抽样调查，共抽取1067件/套进行统计分析，其中陶质文物762件/套，瓷器类文物305件/套。

根据抽样统计分析可知，湖北省国有博物馆馆藏陶质文物病害情况如图2.15所示（注：有些陶质文物同时存在两种或两种以上病害）。其中，有残断病害的陶质文物占所抽样陶质文物总数的75.85%，有硬结物病害的陶质文物占比为48.03%，有裂缝病害的陶质文物占比为44.88%。

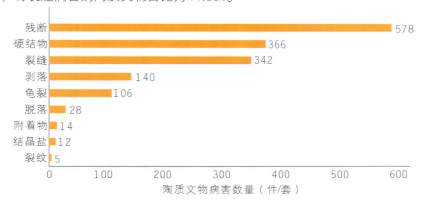

图2.15　湖北省国有博物馆馆藏陶质文物病害种类图

　　根据抽样统计分析可知，湖北省国有博物馆馆藏瓷器类文物病害情况如图2.16所示（注：有些瓷器类文物同时存在两种或两种以上病害）。其中，有缺损病害的瓷器类文物占所抽样瓷器类文物总数的78.69%，有侵蚀病害的瓷器类文物占比为35.08%，有毛边、裂缝、伤釉病害的瓷器类文物占比分别为29.84%、29.18%、27.87%。

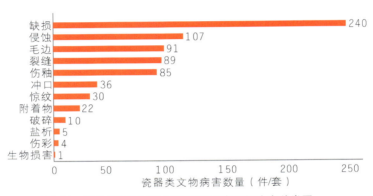

图2.16　湖北省国有博物馆馆藏瓷器类文物病害种类图

三、保存状况

　　根据抽样统计分析可知，湖北省国有博物馆馆藏陶瓷类文物保存情况如图2.17和图2.18所示。其中，已修复的陶瓷类文物数量为26 771件/套（其中陶器类文物24 475件/套，瓷器类文物2296件/套），占陶瓷类文物总量的21.9%；状态稳定，不需修复的陶瓷类文物数量为49 718件/套（其中陶器类文物23 843件/套，瓷器类文物25 875件/套），占陶瓷类文物总量的40.7%；部分损腐，需要修复的陶瓷类文物数量为38 443件/套（其中陶器类文物24 420件/套，瓷器类文物14 023件/套），占陶瓷类文物总量的31.4%；腐蚀损毁严重，急需修复的陶瓷类文物数量为7333件/套（其中陶器类文物6059件/套，瓷器类文物1274件/套），占陶瓷类文物总量的6.0%。

图2.17　湖北省国有博物馆馆藏陶瓷类文物保存情况图（一）

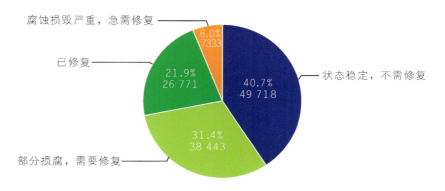

图2.18　湖北省国有博物馆馆藏陶瓷类文物保存情况图（二）

第四节　资源特征

　　如今，湖北省国有博物馆几乎藏有中国历代各陶瓷器窑口生产的产品，形成四方资源汇集于此的特征。这种资源特征的形成，究其原因有以下三点：

　　一是特殊的地理位置和地理特点。中国以秦岭—淮河一线分南北，以黑河—腾冲一线分东西，而湖北正处于南北东西分界的交叉之处，自古就是各方交流的必经之地。贸易货物途经湖北常会有留存，自然会在此留下最重要的经贸商品之

———陶瓷器。在古代，水路是贸易流通的主要路径。长江横贯湖北，其水系发达，现鄂州、荆州、蕲春等地都是当时重要的港口和商品集散地。长江的最大支流——汉江通陕西，而襄阳则是唐代都城长安去往南方的要塞城市。湖南的长沙窑瓷器就是经水路，即湘江—洞庭湖—长江—汉江，然后经陆路抵达长安，再由此走上丝绸之路的。同样，江西、安徽、浙江等地窑口生产的陶瓷产品皆可通过长江水系到达湖北再发往全国各地。

二是湖北陶瓷生产历史具有规模小、时间短、影响弱的特点。目前，考古发现的湖北境内窑址仅有魏晋南北朝时期的鄂城窑，宋代的武昌窑系，以及明代后期的马口窑、管家窑和王麻窑。前两者皆生产当时陶瓷主产区的同款产品（鄂城窑同越窑、武昌窑系同湖田窑），而后三者为长江流域区域性陶瓷生活用品产地，其产品影响力在全国范围内十分有限。环顾湖北周边各省，其陶瓷生产历史异常深厚，都曾经是雄霸一方的陶瓷生产重镇。如湖南的长沙窑，江西的景德镇窑和吉州窑，安徽的寿州窑和繁昌窑，河南的巩县窑、汝窑和钧窑，陕西的耀州窑等。如此格局，就会导致周边各省生产的陶瓷在自给自足的同时被销往毗邻的陶瓷生产"低洼之地"——湖北，从而使湖北汇集了丰富的陶瓷资源。

三是政治因素和人口流动。因政治因素和人口流动，部分陶瓷器被人携带而进入湖北，从而遗存至今。皇家使用的陶瓷制品，其质量往往是每个时期最为上乘的，除了历史上在此建国的国家，唐代唐太宗四子李泰及明代44位藩王皆封地于湖北，他们在此留下了唐三彩、元青花瓷、明代官窑器等珍贵陶瓷品种，提高了湖北古陶瓷类文物资源的档次。回顾湖北历史可谓精彩纷呈，自新石器时代后，夏商周时期，湖北便是商人南下的重要据点（盘龙城）；春秋战国时期，湖北是楚国的核心区域（楚国都城绝大部分时间都被设在湖北境内），其境内还存在过随（曾）国等拥有灿烂文化的诸侯小国；秦汉之后湖北是三国逐鹿中原的重要舞台，吴国一时的都城就建在鄂州；近代，武汉成为长江中游最重要的码头和政治文化经济中心城市，洋务运动、武昌起义、红四方面军和红二十五军组建、武汉会战、第二次国共合作等重大历史事件相继在湖北发生。反映这些辉煌历史的陶瓷器都具有特殊意义。

第三章
历代陶瓷价值分析

第一节　陶与瓷的价值

一、陶与瓷的价值异同

陶与瓷皆为天然泥土经高温烧制板结后形成的无机制品。陶器几乎参与了中国人所有的社会生活，是了解、研究、展示历代社会的重要中间媒介[1]，瓷器亦如此。陶与瓷两者用途基本相同，但其历史、工艺、科技价值却各有不同。

从考古资料来看，易碎的陶器不符合纯粹游牧民族的经济效益，所以陶器多是在人类开始定居生活后普遍制作的，陶器也因此被视为仰赖狩猎、捕捞或植物采集营生的旧石器时代进入以农业、畜牧业为定居生计的新石器时代的标志之一[2]。凡是有人类聚居的地方，只要具备原料和燃料等最基本的生产条件，差不多都能够烧造出陶器。这一考古现象与学术判断，不仅意味着人类烧造陶器的历史已有万年左右，而且还意味着人类在陶器烧造上呈现出了高度的不约而同性与殊途同归性之特征。从这个意义上讲，如果说陶器烧造是人类的一种本能性创造的话，或许也是可以成立的[3]。

---

[1] 赵辉. 当今考古学的陶器研究[J]. 江汉考古，2019（1）：3-14.

[2] 谢明良. 陶瓷修补术的文化史[M]. 上海：上海书画出版社，2019.

[3] 侯样祥. "瓷"，凭什么你是"中国"？[J]. 贵州大学学报（艺术版），2019，33（4）：1-20.

　　考古发掘资料还进一步证实，我国不仅是陶器发明国之一，而且是瓷器的发明国。早在商代中期，我们的祖先就已经能够烧造出原始瓷器。而严格意义上的瓷的发明，以及瓷器的成功烧造，在我国应该不会晚于公元2世纪，即东汉晚期，至今已有1800多年的历史。

　　与陶器烧造的"本能性创造"不同，瓷器烧造的条件无疑更为严苛。考古学界和陶瓷学界一般认为，要烧造出瓷器，至少需要三个先决条件在同一时空中产生作用，即：一是瓷土或高岭土的应用，二是烧成温度达到1200 ℃，三是器物表面施釉。

　　由此可知，尽管陶与瓷两者在各方面有很多类似性，但它们本质上是不同的，具体体现在以下几个方面：

　　（1）原料不同。陶器是陶土做的，瓷器是瓷土做的，陶器不会因为烧造温度升高便成了瓷器，而瓷器也不会因其烧造温度不足便成了陶器。

　　（2）技术含量不同。陶器制作过程简单，技术要求低；而瓷器制作过程复杂，从商代中期出现原始瓷器到东汉出现成熟瓷器，历经1600多年，瓷器制作技术的完善需要相关工业技术和人工协作方式的进步才能做到。

　　（3）社会、文化、经济价值不同。陶器盛行于人类社会早期，其传播范围极其有限；而瓷器因"尚玉"文化产生于古代中国[1]，后成为重要的贸易商品，远销世界，传播范围极广。

　　历代中国人的日常生活除了饮食起居，还包括婚丧嫁娶、宗教信仰、修身养性、娱乐玩耍、礼尚往来、陈设装饰等，陶瓷器在其中都扮演着重要用具的角色。在不同时期、不同地域，陶瓷器在整体社会风尚、陶瓷生产状况和地域风俗习惯的共同影响下呈现出不同的面貌。

---

[1] 侯样祥. "瓷"，凭什么你是"中国"？[J]. 贵州大学学报（艺术版），2019，33（4）：1–20.

二、湖北省主要陶瓷资源统计

（一）陪葬器具

自古以来，陪葬品就是中国人对逝者表达尊重的一种方式。陪葬品一般包括日常用具和专门用于陪葬的明器。陪葬品通常会受到文明程度、社会地位、经济实力、社会风尚、气候特点和地方风俗的影响。

从夏商时期的奴隶社会一直延续到周，曾盛行用活人、活物和实用器物陪葬，几乎是想将现实世界的一切都随逝者搬到阴间。

周之后陶器制作技术逐步提升，陶器的社会普及率也大大提高。这一时期陶器几乎能做到与青铜器外形一致，故仿青铜器造型陶器部分替代了青铜质地的陪葬品。湖北省国有博物馆馆藏的仿青铜器造型陶器部分藏品分布见表3.1。

表3.1 仿青铜器造型陶器部分藏品分布

收藏单位	一级文物（件/套）	二级文物（件/套）	三级文物（件/套）	一般文物（件/套）	未定级文物（件/套）	总计（件/套）
湖北省博物馆	—	2	35	47	27	111
武汉博物馆	—	—	24	—	—	24
长江文明馆	—	—	—	—	2	2
武汉市江夏区博物馆	—	—	—	—	2	2
武汉市黄陂区博物馆	—	—	1	5	—	6
盘龙城遗址博物院	—	1	15	—	99	115
黄石市博物馆	—	—	—	—	8	8
阳新县博物馆	—	—	5	—	29	34
大冶市博物馆	—	—	—	—	2	2
大冶市铜绿山古铜矿遗址博物馆	—	—	—	—	5	5
十堰市郧阳博物馆	—	—	—	—	6	6

续表3.1

收藏单位	一级文物（件/套）	二级文物（件/套）	三级文物（件/套）	一般文物（件/套）	未定级文物（件/套）	总计（件/套）
郧西县博物馆	—	—	—	—	17	17
竹山县博物馆	—	—	—	—	4	4
房县博物馆	—	—	—	—	29	29
丹江口市博物馆	—	—	—	—	10	10
宜昌博物馆	3	3	2	—	378	386
远安县博物馆	—	—	—	—	1	1
兴山县文物事业管理局	—	—	—	—	6	6
秭归县屈原纪念馆	—	—	—	—	2	2
长阳土家族自治县博物馆	—	—	5	—	80	85
宜都市博物馆	—	—	—	—	33	33
当阳市博物馆	—	—	2	—	44	46
枝江市博物馆	—	—	—	—	346	346
襄阳市博物馆	—	3	15	81	1092	1191
南漳县博物馆	—	—	—	—	2	2
谷城县博物馆	—	—	—	—	28	28
保康县博物馆	—	—	—	—	2	2
老河口市博物馆	—	1	1	—	52	54
宜城市博物馆	—	—	2	—	8	10
鄂州市博物馆	—	—	8	—	64	72
荆门市博物馆	—	—	1	105	10	116
京山市博物馆	—	—	1	—	5	6
钟祥市博物馆	—	—	—	—	8	8
孝感市博物馆	—	—	—	19	—	19
孝昌县博物馆	—	—	—	—	66	66
大悟县革命博物馆	—	—	—	1	—	1
云梦县博物馆	—	—	7	165	—	172

续表3.1

收藏单位	一级文物（件/套）	二级文物（件/套）	三级文物（件/套）	一般文物（件/套）	未定级文物（件/套）	总计（件/套）
应城市博物馆	—	—	2	3	3	8
汉川市博物馆	—	—	—	—	1	1
荆州市荆州区博物馆	—	—	—	—	527	527
荆州博物馆	1	—	501	1	1098	1601
公安县博物馆	—	—	—	—	2	2
监利县革命历史博物馆	—	—	—	—	3	3
石首市博物馆	—	—	4	—	14	18
洪湖革命历史博物馆	—	—	—	—	27	27
松滋市博物馆	—	—	—	—	5	5
黄冈市黄州区博物馆（李四光纪念馆）	—	—	2	1	2	5
黄冈市博物馆	—	—	2	—	16	18
罗田县博物馆	—	—	2	—	23	25
蕲春县博物馆	—	—	1	—	10	11
黄梅县博物馆	—	—	—	—	15	15
武穴市博物馆	—	—	14	—	—	14
咸宁市咸安区博物馆	—	—	—	22	—	22
咸宁市博物馆	—	—	—	11	—	11
通城县博物馆	—	—	—	1	—	1
通山县博物馆	—	—	—	—	4	4
赤壁市博物馆	—	—	—	74	—	74
随州市博物馆	—	—	—	24	312	336
随县博物馆（随县考古队）	—	—	—	—	4	4
广水市博物馆	—	—	—	16	17	33
恩施州博物馆	—	—	—	—	5	5
巴东县博物馆	—	—	—	—	9	9
来凤县民族博物馆	—	—	—	—	4	4

续表3.1

收藏单位	一级文物（件/套）	二级文物（件/套）	三级文物（件/套）	一般文物（件/套）	未定级文物（件/套）	总计（件/套）
鹤峰县博物馆	—	—	—	—	3	3
仙桃市博物馆	—	—	—	1	—	1
潜江市博物馆	—	—	5	20		25
天门市博物馆	—	—	2	25	9	36
总计（件/套）	4	10	659	622	4580	5875

　　春秋战国以后，开始提倡以陶俑代替真人、真物陪葬。到了秦汉时期，用陶俑陪葬已成为一种风气。湖北省国有博物馆馆藏的陶俑部分藏品分布见表3.2。

表3.2　陶俑部分藏品分布

收藏单位	二级文物（件/套）	三级文物（件/套）	一般文物（件/套）	未定级文物（件/套）	总计（件/套）
湖北省博物馆	1	6	—	—	7
武汉博物馆	—	1	—	—	1
湖北大学	—	1	—	—	1
十堰市郧阳博物馆	—	1	—	1	2
宜昌博物馆	—	1	—	1	2
宜昌市夷陵区博物馆	—	—	—	9	9
当阳市博物馆	—	3	—	2	5
襄阳市博物馆	—	—	—	1	1
鄂州市博物馆	—	13	—	49	62
孝感市博物馆	—	—	7	1	8
安陆市博物馆	—	—	—	2	2
张居正纪念馆	—	—	—	2	2
荆州博物馆	—	1	—	7	8
石首市博物馆	—	2	—	2	4
蕲春县博物馆	3	7	—	1	11

续表3.2

收藏单位	二级文物（件/套）	三级文物（件/套）	一般文物（件/套）	未定级文物（件/套）	总计（件/套）
黄梅县博物馆	—	—	—	1	1
咸宁市咸安区博物馆	—	—	1	—	1
咸宁市博物馆	—	—	2	—	2
赤壁市博物馆	—	2	8	2	12
随州市博物馆	—	—	—	1	1
恩施州博物馆	—	—	—	3	3
巴东县博物馆	—	—	—	2	2
仙桃市博物馆	—	1	—	—	1
总计（件/套）	4	39	18	87	148

钱穆先生认为，秦汉时期是中国由古代的贵族社会开始转向平民社会的时期，而秦代是贵族社会向平民社会转型中的一个过渡，到了汉代中国开始成为一个朴素的农民社会。这个转变导致如今我们发现的汉之前的墓葬绝大多数是贵族墓，而平民如草芥，去世后都草草下葬，几千年后哪里能留下痕迹？而汉高祖刘邦出身于平常农户人家，他开始提倡士人治国，从前由皇室宗亲与军人贵族合组的政府，变成由选拔而来的知识分子担纲的政府，社会财富日益平均，商业也日益繁荣。然而，士人倡导节俭，所以规定殉葬之物"皆瓦器，不得以金银铜锡为饰"，但同时又倡导孝德，"世以厚葬为德，薄终为鄙"[1]。

这两种社会风潮共同作用的结果是，促进了按日常用品制作的陶质明器的大发展，使我们现在能看到大量汉代陶制明器（第一次全国可移动文物普查数据显示，湖北省国有博物馆收藏的汉代陶器数量为20 777件/套），如陶楼（陶房）、陶制动物等。虽说陶质明器通常都是实物的缩小版，但其涵盖生活的方方面面，异彩纷呈。

---

[1] 方李莉.中国陶瓷史：上册[M].济南：齐鲁书社，2013：161.

　　湖北省国有博物馆馆藏的陶楼（陶房）部分藏品分布见表3.3。

表3.3　陶楼（陶房）部分藏品分布

收藏单位	一级文物（件/套）	二级文物（件/套）	三级文物（件/套）	一般文物（件/套）	未定级文物（件/套）	总计（件/套）
湖北省博物馆	—	—	2	1	—	3
武汉博物馆	—	2	1	—	—	3
武汉市黄陂区博物馆	—	1	—	—	—	1
宜都市博物馆	—	—	—	—	1	1
襄阳市博物馆	—	1	—	2	—	3
老河口市博物馆	—	—	—	—	2	2
鄂州市博物馆	—	—	—	—	1	1
荆门市博物馆	—	—	2	—	—	2
云梦县博物馆	1	—	—	—	—	1
安陆市博物馆	—	—	1	—	—	1
荆州博物馆	—	—	—	—	4	4
麻城市革命博物馆	—	—	—	—	1	1
武穴市博物馆	—	—	—	1	1	2
崇阳县博物馆	—	—	—	1	—	1
随州市博物馆	—	—	1	—	—	1
天门市博物馆	—	—	—	2	—	2
总计（件/套）	1	4	7	7	10	29

　　动物形象陶器也会作为明器，如陶鸡、陶狗、陶猪等。湖北省国有博物馆馆藏的陶鸡、陶狗、陶猪部分藏品分布分别见表3.4至表3.6。

表3.4 陶鸡部分藏品分布

收藏单位	二级文物（件/套）	三级文物（件/套）	一般文物（件/套）	未定级文物（件/套）	总计（件/套）
湖北省博物馆	—	14	6	4	24
武汉博物馆	—	23	—	1	24
武汉市黄陂区博物馆	—	—	1	—	1
武汉市新洲区文物管理所（武汉市新洲区博物馆）	—	—	—	1	1
大冶市博物馆	—	1	—	—	1
十堰市博物馆	—	—	—	1	1
十堰市郧阳博物馆	—	—	—	1	1
郧西县博物馆	—	—	—	2	2
房县博物馆	—	—	—	3	3
丹江口市博物馆	—	1	—	5	6
宜昌博物馆	—	—	—	9	9
远安县博物馆	—	—	—	1	1
秭归县屈原纪念馆	—	—	—	2	2
宜都市博物馆	—	1	—	13	14
当阳市博物馆	—	4	—	10	14
襄阳市博物馆	1	16	8	130	155
南漳县博物馆	—	—	—	6	6
谷城县博物馆	—	1	—	26	27
保康县博物馆	—	—	—	1	1
老河口市博物馆	—	1	—	15	16
枣阳市博物馆	—	—	—	4	4
宜城市博物馆	—	—	—	2	2
鄂州市博物馆	4	21	—	54	79
荆门市博物馆	—	1	13	2	16

续表3.4

收藏单位	二级文物（件/套）	三级文物（件/套）	一般文物（件/套）	未定级文物（件/套）	总计（件/套）
钟祥市博物馆	—	1	—	6	7
云梦县博物馆	—	—	1	—	1
应城市博物馆	—	—	2	—	2
安陆市博物馆	—	—	—	4	4
张居正纪念馆	—	—	—	2	2
荆州市荆州区博物馆	—	—	—	1	1
荆州博物馆	—	23	7	31	61
公安县博物馆	—	—	—	5	5
洪湖革命历史博物馆	—	—	—	1	1
咸宁市博物馆	—	—	5	—	5
嘉鱼县博物馆	—	—	1	—	1
赤壁市博物馆	—	—	1	1	2
随州市博物馆	—	3	3	14	20
恩施州博物馆	—	—	—	1	1
仙桃市博物馆	—	—	1	—	1
天门市博物馆	—	—	5	—	5
总计（件/套）	5	111	54	359	529

表3.5　陶狗部分藏品分布

收藏单位	二级文物（件/套）	三级文物（件/套）	一般文物（件/套）	未定级文物（件/套）	总计（件/套）
湖北省博物馆	1	9	7	3	20
武汉博物馆	1	13	—	1	15
湖北大学	—	—	—	1	1
华中师范大学	—	—	1	—	1
中南民族大学	—	—	—	1	1

续表3.5

收藏单位	二级文物（件/套）	三级文物（件/套）	一般文物（件/套）	未定级文物（件/套）	总计（件/套）
武汉市江夏区博物馆	—	1	—	—	1
武汉市黄陂区博物馆	—	1	2	—	3
盘龙城遗址博物院	—	1	—	1	2
武汉市新洲区文物管理所（武汉市新洲区博物馆）	—	—	—	1	1
十堰市博物馆	—	—	—	1	1
十堰市郧阳博物馆	—	—	—	1	1
郧西县博物馆	—	—	—	2	2
房县博物馆	—	—	—	5	5
丹江口市博物馆	—	—	—	3	3
宜昌博物馆	—	—	—	17	17
宜都市博物馆	—	—	—	1	1
当阳市博物馆	—	—	—	3	3
襄阳市博物馆	—	7	5	89	101
南漳县博物馆	—	—	—	2	2
谷城县博物馆	—	8	—	10	18
保康县博物馆	—	—	—	1	1
老河口市博物馆	—	3	—	20	23
枣阳市博物馆	—	—	—	1	1
鄂州市博物馆	1	9	—	33	43
荆门市博物馆	—	—	7	2	9
钟祥市博物馆	—	—	—	1	1
孝感市博物馆	—	—	4	1	5
云梦县博物馆	—	—	3	—	3
安陆市博物馆	—	—	—	6	6
荆州博物馆	—	17	1	26	44

续表3.5

收藏单位	二级文物 （件/套）	三级文物 （件/套）	一般文物 （件/套）	未定级文物 （件/套）	总计 （件/套）
公安县博物馆	—	—	—	5	5
松滋市博物馆	—	—	—	1	1
随州市博物馆	—	2	2	9	13
广水市博物馆	—	—	1	—	1
仙桃市博物馆	—	1	1	—	2
总计（件/套）	3	72	34	248	357

表3.6　陶猪部分藏品分布

收藏单位	一级文物 （件/套）	二级文物 （件/套）	三级文物 （件/套）	一般文物 （件/套）	未定级文物 （件/套）	总计 （件/套）
湖北省博物馆	—	2	17	5	4	28
武汉博物馆	—	—	17	—	1	18
武汉市江夏区博物馆	—	—	—	—	1	1
武汉市黄陂区博物馆	—	—	—	1	—	1
武汉市新洲区文物管理所 （武汉市新洲区博物馆）	—	—	—	—	1	1
大冶市博物馆	—	1	—	—	—	1
十堰市郧阳博物馆	—	—	—	—	2	2
郧西县博物馆	—	—	—	—	2	2
房县博物馆	—	—	1	—	1	2
丹江口市博物馆	—	—	1	—	12	13
宜昌博物馆	1	—	1	—	16	18
宜昌市夷陵区博物馆	—	—	—	—	1	1
长阳土家族自治县博物馆	—	—	2	—	1	3
宜都市博物馆	—	—	1	—	5	6
当阳市博物馆	—	—	—	—	4	4
枝江市博物馆	—	—	—	—	2	2

续表3.6

收藏单位	一级文物（件/套）	二级文物（件/套）	三级文物（件/套）	一般文物（件/套）	未定级文物（件/套）	总计（件/套）
襄阳市博物馆	—	4	6	2	45	57
南漳县博物馆	—	—	1	—	3	4
谷城县博物馆	—	—	4	—	19	23
保康县博物馆	—	—	—	—	1	1
老河口市博物馆	—	—	2	—	9	11
枣阳市博物馆	—	—	1	—	5	6
宜城市博物馆	—	—	1	—	1	2
鄂州市博物馆	—	—	10	—	39	49
荆门市博物馆	—	—	1	16	1	18
钟祥市博物馆	—	—	—	—	1	1
安陆市博物馆	—	—	2	—	7	9
张居正纪念馆	—	—	—	—	1	1
荆州博物馆	—	—	6	—	19	25
洪湖革命历史博物馆	—	—	—	—	2	2
松滋市博物馆	—	—	—	—	1	1
黄梅县博物馆	—	—	—	—	3	3
赤壁市博物馆	—	—	—	4	1	5
随州市博物馆	—	—	4	—	10	14
广水市博物馆	—	—	—	1	—	1
仙桃市博物馆	—	—	—	1	—	1
总计（件/套）	1	7	78	30	221	337

　　汉代及其之后的三国两晋时期，绘画开始从器物中分离出来，并出现了专业的画师。绘画出现在墙壁上则成为壁画，在墓室里则是以烧制的画像石或画像砖的形式呈现。

　　湖北省国有博物馆馆藏的画像砖部分藏品分布见表3.7。

表3.7　画像砖部分藏品分布

收藏单位	三级文物（件/套）	未定级文物（件/套）	总计（件/套）
当阳市博物馆	3	—	3
宣恩县文物事业管理局（宣恩县民族博物馆）	—	2	2
总计（件/套）	3	2	5

东汉时期出现了成熟的瓷器，这一时期瓷器主要用作明器。后来瓷器质量不断提高，逐渐成为人们主要的生活用具。曾盛行的厚葬在宋代及之后渐渐变为薄葬，窑场生产的专门用作明器的陶瓷越来越少，只有魂瓶（罐）、谷仓、塔式瓶等。宋代及之后，多用平面绘画和雕塑的形式装饰墓葬，或直接使用生活用具作为明器。

湖北省国有博物馆馆藏的魂瓶（罐）、谷仓、塔式瓶部分藏品分布分别见表3.8至表3.10。

表3.8　魂瓶（罐）部分藏品分布

收藏单位	二级文物（件/套）	三级文物（件/套）	一般文物（件/套）	未定级文物（件/套）	总计（件/套）
湖北省博物馆	—	2	3	—	5
武汉博物馆	1	5	—	—	6
武汉市江夏区博物馆	—	2	—	—	2
武汉市黄陂区博物馆	—	—	1	—	1
黄石市博物馆	—	1	—	1	2
宜昌市夷陵区博物馆	—	—	—	1	1
兴山县文物事业管理局	—	3	—	3	6
长阳土家族自治县博物馆	—	3	—	3	6
南漳县博物馆	—	—	—	1	1
京山市博物馆	—	1	—	1	2
荆州博物馆	—	—	—	2	2
洪湖革命历史博物馆	—	1	—	—	1

续表3.8

收藏单位	二级文物（件/套）	三级文物（件/套）	一般文物（件/套）	未定级文物（件/套）	总计（件/套）
黄冈市黄州区博物馆（李四光纪念馆）	—	3	—	—	3
红安县博物馆	—	—	—	1	1
英山县博物馆	—	2	2	—	4
黄梅县博物馆	—	—	—	3	3
麻城市革命博物馆	—	—	—	10	10
咸宁市咸安区博物馆	—	1	—	—	1
咸宁市博物馆	—	—	3	—	3
通城县博物馆	—	—	35	—	35
通山县博物馆	—	—	—	8	8
恩施市文物事业管理局	—	1	—	2	3
总计（件/套）	1	25	44	36	106

表3.9　谷仓部分藏品分布

收藏单位	二级文物（件/套）	三级文物（件/套）	一般文物（件/套）	未定级文物（件/套）	总计（件/套）
湖北省博物馆	—	—	1	—	1
武汉博物馆	1	17	—	—	18
中南财经政法大学	—	2	—	—	2
武汉市黄陂区博物馆	—	—	1	—	1
宜昌博物馆	—	1	—	5	6
公安县博物馆	—	5	—	1	6
监利县革命历史博物馆	—	—	—	1	1
红安县博物馆	—	—	—	12	12
武穴市博物馆	—	—	—	1	1
咸宁市咸安区博物馆	—	1	—	—	1
总计（件/套）	1	26	2	20	49

表3.10　塔式瓶部分藏品分布

收藏单位	未定级文物 （件/套）	总计 （件/套）
黄梅县博物馆	2	2

陪葬品的价值还与各地的丧葬方式有关。除了土葬，湖北最特殊的丧葬方式是恩施州峡江地区自汉晋至宋元时期采用的崖葬，恩施州博物馆馆藏的与之相关的陶瓷器具有特殊价值。

（二）饮食器具

此类陶瓷器物主要供人们盛放食物以及水、酒等液体所用，包括碗、盘、碟、罐（坛）、盏、盏托、杯、执壶、梅瓶（明代之前）等。

湖北省国有博物馆馆藏的陶瓷类碗、盘、碟、罐（坛）、盏、盏托、杯、执壶、梅瓶等部分藏品分布分别见表3.11至表3.19。

表3.11　陶瓷类碗部分藏品分布

收藏单位	一级文物 （件/套）	二级文物 （件/套）	三级文物 （件/套）	一般文物 （件/套）	未定级文物 （件/套）	总计 （件/套）
湖北省博物馆	8	174	427	342	29	980
辛亥革命武昌起义纪念馆	—	—	1	—	43	44
八路军武汉办事处旧址纪念馆	—	—	—	—	7	7
武汉博物馆	1	15	1005	—	367	1388
江汉关博物馆	—	—	—	—	1	1
武汉市晴川阁管理处	—	—	—	—	5	5
湖北大学	—	—	3	7	43	53
武汉革命博物馆	—	—	7	—	—	7
辛亥革命博物馆	—	—	—	1	—	1

续表3.11

收藏单位	一级文物（件/套）	二级文物（件/套）	三级文物（件/套）	一般文物（件/套）	未定级文物（件/套）	总计（件/套）
华中师范大学	—	—	5	58	7	70
中南民族大学	—	—	—	—	6	6
长江文明馆	—	—	—	—	47	47
武汉市汉南区博物馆	—	—	—	—	32	32
武汉市蔡甸区博物馆	—	—	26	—	10	36
武汉市江夏区博物馆	—	6	110	—	659	775
武汉市中山舰博物馆	1	5	3	208	1	218
武汉市黄陂区博物馆	—	3	59	72	4	138
湖北明代藩王博物馆	—	45	1011	194		1250
盘龙城遗址博物院	—	—	8	—	33	41
武汉市新洲区文物管理所（武汉市新洲区博物馆）	1	6	56	—	49	112
黄石市博物馆	1	3	60	—	215	279
阳新县博物馆	—	1	33	—	113	147
大冶市博物馆	1	—	107	—	23	131
大冶市铜绿山古铜矿遗址博物馆	—	—	—	—	2	2
大冶市南山头革命纪念馆	—	—	—	—	3	3
十堰市博物馆	—	—	—	—	16	16
武当山旅游经济特区博物馆	—	—	2	—	5	7
十堰市郧阳博物馆	—	—	2	—	130	132
郧西县博物馆	—	—	—	—	24	24
竹山县博物馆	—	—	3	—	5	8
房县博物馆	—	—	—	—	43	43
丹江口市博物馆	—	—	—	—	83	83
宜昌博物馆	1	1	21	—	767	790

续表3.11

收藏单位	一级文物（件/套）	二级文物（件/套）	三级文物（件/套）	一般文物（件/套）	未定级文物（件/套）	总计（件/套）
宜昌市夷陵区博物馆	—	—	—	—	2	2
远安县博物馆	—	1	—	—	12	13
兴山县文物事业管理局	—	—	2	—	11	13
兴山县民俗博物馆	—	—	—	—	11	11
秭归县屈原纪念馆	—	—	1	—	163	164
长阳土家族自治县博物馆	—	2	24	—	137	163
五峰土家族自治县文物事业管理局	—	—	—	—	2	2
宜都市博物馆	3	—	3	1	82	89
宜都市潘家湾土家族乡民俗文化博物馆	—	—	—	—	8	8
当阳市清溪民俗博物馆	—	—	—	—	19	19
当阳市博物馆	—	1	2	—	35	38
枝江市博物馆	1	—	—	—	321	322
襄阳市博物馆	1	5	65	81	436	588
南漳县博物馆	—	—	3	—	53	56
谷城县博物馆	—	1	14	—	74	89
保康县博物馆	—	—	—	—	15	15
老河口市博物馆	—	1	5	—	30	36
枣阳市博物馆	—	—	—	—	97	97
宜城市博物馆	—	—	15	—	25	40
鄂州市博物馆	1	9	428	—	716	1154
荆门市博物馆	—	—	7	62	124	193
京山市博物馆	—	1	1	4	108	114
钟祥市博物馆	—	1	17	—	164	182
孝感市博物馆	—	—	—	175	7	182
孝感市孝南区博物馆	—	—	—	—	128	128

续表3.11

收藏单位	一级文物（件/套）	二级文物（件/套）	三级文物（件/套）	一般文物（件/套）	未定级文物（件/套）	总计（件/套）
孝昌县博物馆	—	—	—	—	35	35
大悟县新四军第五师纪念馆	—	—	—	1	—	1
大悟县革命博物馆	—	—	—	40	—	40
云梦县博物馆	1	—	—	48	—	49
应城市博物馆	—	1	1	33	27	62
安陆市博物馆	—	1	8	—	96	105
汉川市博物馆	—	—	2	—	58	60
张居正纪念馆	—	—	—	—	59	59
荆州市荆州区博物馆	—	—	—	—	61	61
荆州博物馆	3	7	447	229	971	1657
公安县博物馆	—	6	6	—	9	21
监利县革命历史博物馆	—	—	95	—	36	131
江陵县博物馆	—	—	—	—	2	2
石首市博物馆	—	3	42	—	92	137
洪湖革命历史博物馆	—	1	327	—	225	553
松滋市博物馆	—	—	62	10	38	110
黄冈市黄州区博物馆（李四光纪念馆）	—	—	13	18	8	39
黄冈市博物馆	—	1	28	—	235	264
黄冈市民俗博物馆	—	—	—	—	2	2
黄冈革命烈士陵园纪念馆	—	—	—	—	2	2
团风县博物馆	—	—	—	—	14	14
红安县博物馆	—	—	—	—	113	113
黄麻起义和鄂豫皖苏区纪念园管理处	—	—	—	—	1	1
罗田县博物馆	—	3	34	—	119	156

续表3.11

收藏单位	一级文物 （件/套）	二级文物 （件/套）	三级文物 （件/套）	一般文物 （件/套）	未定级文物 （件/套）	总计 （件/套）
英山县博物馆	—	7	36	139	—	182
浠水县博物馆	—	—	8	—	176	184
蕲春县博物馆	—	—	53	—	610	663
李时珍纪念馆	—	—	—	—	1	1
黄梅县博物馆	—	1	5	—	198	204
麻城市乘马会馆纪念馆	—	—	—	—	1	1
麻城市革命博物馆	—	—	—	—	148	148
武穴市博物馆	1	2	3	—	164	170
咸宁市咸安区博物馆	—	—	5	66	—	71
咸宁市博物馆	—	1	4	91	—	96
嘉鱼县博物馆	—	—	—	17	—	17
通城县博物馆	—	2	—	58	—	60
崇阳县博物馆	—	1	—	38	—	39
通山县博物馆	—	1	1	—	101	103
赤壁市博物馆	—	2	1	152	3	158
随州市博物馆	—	—	—	5	140	145
随县博物馆 （随县考古队）	—	—	—	—	32	32
广水市博物馆	—	—	—	3	24	27
恩施市文物事业管理局	—	—	4	—	28	32
恩施州博物馆	—	—	—	—	90	90
利川市文物事业管理局	—	1	1	—	—	2
建始县文物管理局 （建始县博物馆）	—	—	30	—	5	35
巴东县博物馆	—	—	—	—	681	681
宣恩县文物事业管理局 （宣恩县民族博物馆）	—	—	—	—	2	2

续表3.11

收藏单位	一级文物（件/套）	二级文物（件/套）	三级文物（件/套）	一般文物（件/套）	未定级文物（件/套）	总计（件/套）
咸丰县民族博物馆	—	—	2	—	44	46
鹤峰县博物馆	—	—	1	—	25	26
仙桃市博物馆	—	—	6	93	1	100
潜江市博物馆	—	—	2	94	—	96
潜江市曹禺祖居博物馆	—	—	—	—	7	7
天门市博物馆	—	1	1	91	29	122
总计（件/套）	25	323	4764	2431	10 265	17 808

表3.12　陶瓷类盘部分藏品分布

收藏单位	一级文物（件/套）	二级文物（件/套）	三级文物（件/套）	一般文物（件/套）	未定级文物（件/套）	总计（件/套）
湖北省博物馆	1	82	267	231	13	594
辛亥革命武昌起义纪念馆	—	—	1	—	28	29
八路军武汉办事处旧址纪念馆	—	—	—	—	1	1
武汉博物馆	—	13	364	—	211	588
江汉关博物馆	—	—	—	—	18	18
湖北警察史博物馆	—	—	—	—	1	1
武汉市晴川阁管理处	—	—	—	—	4	4
湖北大学	—	—	2	7	5	14
武汉革命博物馆	—	—	—	—	1	1
辛亥革命博物馆	—	—	—	2	3	5
华中师范大学	—	—	5	10	51	66
中南民族大学	—	—	—	—	4	4
长江文明馆	—	—	—	—	61	61
武汉市汉南区博物馆	—	—	—	—	78	78
武汉市蔡甸区博物馆	—	—	16	—	4	20

续表3.12

收藏单位	一级文物（件/套）	二级文物（件/套）	三级文物（件/套）	一般文物（件/套）	未定级文物（件/套）	总计（件/套）
武汉市江夏区博物馆	—	—	38	—	24	62
武汉市中山舰博物馆	—	—	1	89	—	90
武汉市黄陂区博物馆	—	—	7	10	—	17
湖北明代藩王博物馆	—	—	—	30	—	30
盘龙城遗址博物院	—	—	2	—	21	23
武汉市新洲区文物管理所（武汉市新洲区博物馆）	—	—	4	—	14	18
黄石市博物馆	—	1	11	—	212	224
阳新县博物馆	—	—	7	—	42	49
大冶市博物馆	1	2	30	—	74	107
大冶市铜绿山古铜矿遗址博物馆	—	—	—	—	4	4
大冶市南山头革命纪念馆	—	—	—	—	1	1
十堰市博物馆	—	—	—	—	85	85
武当山旅游经济特区博物馆	—	—	2	—	2	4
十堰市郧阳博物馆	—	—	2	—	43	45
郧西县博物馆	—	—	2	—	28	30
竹山县博物馆	—	—	—	—	11	11
房县博物馆	—	—	1	—	3	4
丹江口市博物馆	—	—	—	—	106	106
宜昌博物馆	—	5	11	—	256	272
远安县博物馆	—	—	—	—	5	5
兴山县文物事业管理局	—	—	—	—	14	14
兴山县民俗博物馆	—	—	—	—	1	1
秭归县屈原纪念馆	—	1	—	—	103	104
长阳土家族自治县博物馆	—	—	5	—	68	73

续表3.12

收藏单位	一级文物（件/套）	二级文物（件/套）	三级文物（件/套）	一般文物（件/套）	未定级文物（件/套）	总计（件/套）
五峰土家族自治县文物事业管理局	—	—	—	—	1	1
宜都市博物馆	1	—	8	1	92	102
当阳市清溪民俗博物馆	—	—	—	—	24	24
当阳市博物馆	—	—	5	—	47	52
枝江市博物馆	—	1	2	—	365	368
襄阳市博物馆	—	5	18	27	387	437
南漳县博物馆	—	—	—	—	14	14
谷城县博物馆	—	—	6	—	48	54
保康县博物馆	—	—	—	—	2	2
老河口市博物馆	—	—	4	—	76	80
枣阳市博物馆	—	—	2	—	23	25
宜城市博物馆	—	—	4	—	16	20
鄂州市博物馆	2	38	299	—	771	1110
荆门市博物馆	—	—	5	52	33	90
京山市博物馆	—	—	1	—	19	20
钟祥市博物馆	—	—	4	—	99	103
孝感市博物馆	—	—	—	256	2	258
孝感市孝南区博物馆	—	—	—	—	8	8
孝昌县博物馆	—	—	—	—	18	18
大悟县革命博物馆	—	—	1	5	—	6
云梦县博物馆	—	—	4	39	—	43
应城市博物馆	—	—	—	18	—	18
安陆市博物馆	—	—	8	—	4	12
汉川市博物馆	—	—	3	—	19	22
张居正纪念馆	—	—	—	—	22	22

续表3.12

收藏单位	一级文物（件/套）	二级文物（件/套）	三级文物（件/套）	一般文物（件/套）	未定级文物（件/套）	总计（件/套）
荆州市荆州区博物馆	—	—	—	—	38	39
荆州博物馆	1	13	621	34	1019	1688
公安县博物馆	—	—	14	—	12	26
监利县革命历史博物馆	—	1	17	—	10	28
江陵县博物馆	—	—	—	—	3	3
石首市博物馆	—	—	7	—	33	40
洪湖革命历史博物馆	—	—	3	—	64	67
松滋市博物馆	—	1	2	1	14	18
黄冈市黄州区博物馆（李四光纪念馆）	—	—	3	4	1	8
黄冈市博物馆	—	—	17	—	71	88
黄冈市民俗博物馆	—	—	—	—	4	4
黄冈革命烈士陵园纪念馆	—	—	—	—	4	4
团风县博物馆	—	—	—	—	29	29
红安县博物馆	—	—	—	—	26	26
罗田县博物馆	—	—	3	—	22	25
英山县博物馆	—	—	9	15	—	24
浠水县博物馆	—	—	7	—	68	75
蕲春县博物馆	—	3	10	—	65	78
李时珍纪念馆	—	—	—	—	3	3
黄梅县博物馆	—	—	1	—	57	58
麻城市革命博物馆	—	—	1	—	50	51
武穴市博物馆	—	—	5	—	64	69
咸宁市咸安区博物馆	—	—	4	33	—	37
咸宁市博物馆	—	—	1	10	—	11
嘉鱼县博物馆	—	—	—	6	—	6

收藏单位	一级文物（件/套）	二级文物（件/套）	三级文物（件/套）	一般文物（件/套）	未定级文物（件/套）	总计（件/套）
通城县博物馆	—	—	—	26	—	26
崇阳县博物馆	—	—	—	3	—	3
通山县博物馆	—	—	1	—	15	16
赤壁市博物馆	—	—	2	46	11	59
随州市博物馆	—	—	—	13	114	127
随州市曾侯乙墓遗址博物馆	—	—	—	—	7	7
随县博物馆（随县考古队）	—	—	—	—	1	1
广水市博物馆	—	—	—	6	60	66
恩施市文物事业管理局	—	—	—	—	26	26
恩施州博物馆	—	—	1	—	47	48
利川市文物事业管理局	—	—	—	—	2	2
建始县文物管理局（建始县博物馆）	—	1	2	—	1	4
巴东县博物馆	—	—	2	—	112	114
宣恩县文物事业管理局（宣恩县民族博物馆）	—	—	—	—	24	24
咸丰县民族博物馆	—	1	—	—	27	28
来凤县民族博物馆	—	—	2	—	—	2
鹤峰县博物馆	—	—	—	—	16	16
仙桃市博物馆	1	2	12	43	—	58
潜江市博物馆	—	—	3	18	—	21
潜江市曹禺祖居博物馆	—	—	—	—	9	9
天门市博物馆	—	—	—	26	—	26
总计（件/套）	7	170	1902	1061	5819	8959

表3.13　陶瓷类碟部分藏品分布

收藏单位	一级文物（件/套）	二级文物（件/套）	三级文物（件/套）	一般文物（件/套）	未定级文物（件/套）	总计（件/套）
湖北省博物馆	—	15	48	65	11	139
辛亥革命武昌起义纪念馆	—	—	1	—	23	24
武汉博物馆	—	9	67	—	50	126
湖北大学	—	—	—	—	1	1
武汉革命博物馆	—	—	—	—	4	4
辛亥革命博物馆	—	—	—	7	2	9
华中师范大学	—	—	1	8	—	9
中南民族大学	—	—	—	—	3	3
长江文明馆	—	—	—	—	1	1
武汉市蔡甸区博物馆	—	1	—	—	—	1
武汉市江夏区博物馆	—	2	10	—	12	24
武汉市中山舰博物馆	—	—	—	62	—	62
武汉市黄陂区博物馆	—	4	7	4	—	15
湖北明代藩王博物馆	—	—	—	9	—	9
武汉市新洲区文物管理所（武汉市新洲区博物馆）	—	—	—	—	11	11
黄石市博物馆	—	—	1	—	48	49
阳新县博物馆	—	—	4	—	20	24
大冶市博物馆	—	—	19	—	15	34
大冶市铜绿山古铜矿遗址博物馆	—	—	—	—	1	1
十堰市博物馆	—	—	1	—	22	23
武当山旅游经济特区博物馆	—	—	1	—	4	5
十堰市郧阳博物馆	—	—	—	—	24	24
郧西县博物馆	—	—	—	—	10	10
丹江口市博物馆	—	—	—	—	42	42

续表3.13

收藏单位	一级文物（件/套）	二级文物（件/套）	三级文物（件/套）	一般文物（件/套）	未定级文物（件/套）	总计（件/套）
宜昌博物馆	—	—	2	—	115	117
远安县博物馆	—	—	—	—	3	3
兴山县文物事业管理局	—	—	—	—	43	43
兴山县民俗博物馆	—	—	—	—	1	1
秭归县屈原纪念馆	—	—	—	—	39	39
长阳土家族自治县博物馆	—	—	5	—	28	33
宜都市博物馆	—	—	2	—	10	12
当阳市淯溪民俗博物馆	—	—	—	—	23	23
当阳市博物馆	—	—	—	—	6	6
枝江市博物馆	—	—	1	—	198	199
襄阳市博物馆	—	—	22	4	47	73
南漳县博物馆	—	—	—	—	6	6
谷城县博物馆	—	—	—	—	7	7
保康县博物馆	—	—	—	—	3	3
老河口市博物馆	—	—	—	—	1	1
枣阳市博物馆	—	—	—	—	5	5
宜城市博物馆	—	—	—	—	36	36
鄂州市博物馆	—	—	4	—	28	32
荆门市博物馆	—	—	—	1	36	37
京山市博物馆	—	—	—	1	9	10
钟祥市博物馆	—	1	4	—	33	38
孝感市博物馆	—	—	—	17	6	23
孝感市孝南区博物馆	—	—	—	—	1	1
云梦县博物馆	—	—	—	6	—	6
应城市博物馆	—	—	—	—	6	6
安陆市博物馆	—	—	—	—	3	3
汉川市博物馆	—	—	—	—	3	3

续表3.13

收藏单位	一级文物（件/套）	二级文物（件/套）	三级文物（件/套）	一般文物（件/套）	未定级文物（件/套）	总计（件/套）
张居正纪念馆	—	—	—	—	3	3
荆州市荆州区博物馆	—	—	—	—	3	3
荆州博物馆	—	—	54	50	82	186
公安县博物馆	—	—	3	—	1	4
监利县革命历史博物馆	—	—	—	—	1	1
石首市博物馆	—	—	—	—	1	1
洪湖革命历史博物馆	—	—	—	—	23	23
松滋市博物馆	—	—	—	—	40	40
黄冈市黄州区博物馆（李四光纪念馆）	—	—	2	10	3	15
黄冈市博物馆	—	—	1	—	9	10
黄冈市民俗博物馆	—	—	—	—	4	4
黄冈革命烈士陵园纪念馆	—	—	—	—	3	3
团风县博物馆	—	—	—	—	20	20
红安县博物馆	—	—	—	—	7	7
罗田县博物馆	—	—	—	—	7	7
英山县博物馆	4	—	4	25	—	33
浠水县博物馆	—	—	—	—	34	34
蕲春县博物馆	—	—	1	—	3	4
黄梅县博物馆	—	—	—	—	28	28
麻城市革命博物馆	—	—	1	—	15	16
武穴市博物馆	—	—	—	—	1	1
咸宁市咸安区博物馆	—	—	—	4	—	4
咸宁市博物馆	—	—	—	57	—	57
崇阳县博物馆	—	—	—	1	—	1
通山县博物馆	—	—	—	—	4	4
赤壁市博物馆	—	—	—	17	—	17

续表3.13

收藏单位	一级文物（件/套）	二级文物（件/套）	三级文物（件/套）	一般文物（件/套）	未定级文物（件/套）	总计（件/套）
随州市博物馆	—	—	—	—	18	18
广水市博物馆	—	—	—	1	—	1
恩施市文物事业管理局	—	—	—	—	19	19
恩施州博物馆	—	—	—	—	20	20
利川市文物事业管理局	—	—	—	—	3	3
巴东县博物馆	—	—	—	—	156	156
咸丰县民族博物馆	—	—	—	—	6	6
仙桃市博物馆	—	—	1	7	—	8
潜江市博物馆	—	—	—	8	—	8
潜江市曹禺祖居博物馆	—	—	—	—	2	2
天门市博物馆	—	—	—	9	—	9
总计（件/套）	4	32	267	373	1516	2192

表3.14 陶瓷类罐（坛）部分藏品分布

收藏单位	一级文物（件/套）	二级文物（件/套）	三级文物（件/套）	一般文物（件/套）	未定级文物（件/套）	总计（件/套）
湖北省博物馆	5	45	404	521	62	1037
辛亥革命武昌起义纪念馆	—	—	—	—	36	36
八路军武汉办事处旧址纪念馆	—	—	—	—	1	1
宋庆龄汉口旧居纪念馆	—	—	—	—	4	4
武汉博物馆	1	21	878	—	102	1002
江汉关博物馆	—	—	—	—	4	4
汉正街博物馆	—	—	—	—	4	4
湖北警察史博物馆	—	—	1	—	—	1
武汉市晴川阁管理处	—	—	—	—	1	1
湖北大学	—	—	3	8	19	30

续表3.14

收藏单位	一级文物（件/套）	二级文物（件/套）	三级文物（件/套）	一般文物（件/套）	未定级文物（件/套）	总计（件/套）
辛亥革命博物馆	—	—	—	1	—	1
华中师范大学	—	—	5	20	8	33
中南民族大学	—	—	—	—	14	14
长江文明馆	—	—	—	—	400	400
武汉市汉南区博物馆	—	—	—	—	3	3
武汉市蔡甸区博物馆	—	—	18	—	13	31
武汉市江夏区博物馆	2	1	63	—	81	147
武汉市中山舰博物馆	—	—	—	—	18	18
武汉市黄陂区博物馆	—	—	14	114	5	133
湖北明代藩王博物馆	—	—	55	35	—	90
盘龙城遗址博物院	—	—	32	—	132	164
武汉市新洲区文物管理所（武汉市新洲区博物馆）	—	—	15	—	30	45
黄石市博物馆	—	2	20	—	32	54
阳新县博物馆	—	2	36	—	146	184
大冶市博物馆	—	6	56	—	48	110
大冶市铜绿山古铜矿遗址博物馆	—	—	—	—	1	1
十堰市博物馆	—	1	1	—	63	65
武当山旅游经济特区博物馆	—	—	—	—	12	12
十堰市郧阳博物馆	—	1	18	1	115	135
郧西县博物馆	—	—	2	—	47	49
竹山县博物馆	—	—	6	—	26	32
房县博物馆	—	—	3	—	94	97
丹江口市博物馆	1	—	25	—	128	154
宜昌博物馆	8	4	24	—	1066	1102
宜昌市夷陵区博物馆	—	—	—	—	11	11

收藏单位	一级文物（件/套）	二级文物（件/套）	三级文物（件/套）	一般文物（件/套）	未定级文物（件/套）	总计（件/套）
远安县博物馆	—	—	—	—	9	9
兴山县文物事业管理局	—	—	—	—	72	72
兴山县民俗博物馆	—	—	—	—	44	44
秭归县屈原纪念馆	—	—	2	—	146	148
长阳土家族自治县博物馆	—	—	19	—	48	67
五峰土家族自治县文物事业管理局	—	—	—	—	2	2
宜都市博物馆	—	1	32	4	204	241
宜都市潘家湾土家族乡民俗文化博物馆	—	—	—	—	9	9
当阳市清溪民俗博物馆	—	—	—	—	28	28
当阳市博物馆	—	—	8	—	81	89
枝江市博物馆	1	3	9	—	212	225
襄阳市博物馆	1	2	70	148	2079	2300
南漳县博物馆	—	—	1	—	67	68
谷城县博物馆	—	—	7	—	107	114
保康县博物馆	—	—	—	—	16	16
老河口市博物馆	—	1	6	—	170	177
枣阳市博物馆	—	—	3	—	33	36
宜城市博物馆	—	3	11	—	17	31
鄂州市博物馆	—	114	534	—	842	1490
荆门市博物馆	—	4	32	351	14	401
京山市博物馆	—	—	8	3	92	103
钟祥市博物馆	—	2	8	—	69	79
孝感市博物馆	—	—	—	134	1	135
孝感市孝南区博物馆	—	—	—	—	158	158
孝昌县博物馆	—	—	—	2	54	56

续表3.14

收藏单位	一级文物（件/套）	二级文物（件/套）	三级文物（件/套）	一般文物（件/套）	未定级文物（件/套）	总计（件/套）
大悟县革命博物馆	—	—	—	25	—	25
云梦县博物馆	2	1	17	90	—	110
应城市博物馆	—	—	1	8	3	12
安陆市博物馆	—	—	2	—	145	147
汉川市博物馆	—	—	2	—	44	46
张居正纪念馆	—	—	—	—	35	35
荆州市荆州区博物馆	—	—	—	—	1045	1045
荆州博物馆	6	4	2012	76	4212	6400
公安县博物馆	—	1	47	—	38	86
监利县革命历史博物馆	—	1	29	—	39	69
江陵县博物馆	—	—	—	—	2	2
石首市博物馆	—	1	35	—	77	113
洪湖革命历史博物馆	—	—	54	—	187	241
松滋市博物馆	—	7	21	12	40	80
黄冈市黄州区博物馆（李四光纪念馆）	1	—	26	36	15	78
黄冈市博物馆	3	—	37	—	181	221
黄冈市民俗博物馆	—	—	—	—	42	42
黄冈革命烈士陵园纪念馆	—	—	—	—	1	1
团风县博物馆	—	—	—	—	52	52
红安县博物馆	—	—	—	—	68	68
黄麻起义和鄂豫皖苏区纪念园管理处	—	—	—	—	2	2
罗田县博物馆	—	—	7	—	67	74
英山博物馆	—	—	4	110	—	114
浠水县博物馆	—	1	2	—	123	126
蕲春县博物馆	4	—	21	—	129	154

续表3.14

收藏单位	一级文物（件/套）	二级文物（件/套）	三级文物（件/套）	一般文物（件/套）	未定级文物（件/套）	总计（件/套）
李时珍纪念馆	—	—	—	—	94	94
黄梅县博物馆	1	4	4	—	492	501
麻城市革命博物馆	—	—	1	—	129	130
武穴市博物馆	—	—	5	4	162	171
咸宁市咸安区博物馆	—	—	3	41	—	44
咸宁市博物馆	—	—	2	79	—	81
嘉鱼县博物馆	—	—	—	18	—	18
通城县博物馆	—	—	—	84	—	84
崇阳县博物馆	—	—	1	31	—	32
通山县博物馆	—	—	1	—	36	37
赤壁市博物馆	—	—	2	178	38	218
随州市博物馆	—	—	12	12	418	442
随州市曾侯乙墓遗址博物馆	—	—	—	—	4	4
随县博物馆（随县考古队）	—	—	—	—	28	28
广水市博物馆	—	—	3	14	33	50
恩施市文物事业管理局	—	—	—	—	28	28
恩施州博物馆	—	3	5	—	105	113
巴东县博物馆	—	—	1	—	358	359
宣恩县文物事业管理局（宣恩县民族博物馆）	—	—	—	—	12	12
咸丰县民族博物馆	—	—	—	—	20	20
来凤县民族博物馆	—	—	3	—	2	5
鹤峰县博物馆	—	—	1	—	31	32
仙桃市博物馆	—	—	12	73	—	85
潜江市博物馆	—	—	4	46	—	50

续表3.14

收藏单位	一级文物（件/套）	二级文物（件/套）	三级文物（件/套）	一般文物（件/套）	未定级文物（件/套）	总计（件/套）
潜江市曹禺祖居博物馆	—	—	—	—	10	10
天门市博物馆	—	2	18	100	6	126
神农架自然博物馆	—	—	—	—	2	2
总计（件/套）	36	238	4914	2379	15 855	23 422

表3.15　陶瓷类盏部分藏品分布

收藏单位	一级文物（件/套）	二级文物（件/套）	三级文物（件/套）	一般文物（件/套）	未定级文物（件/套）	总计（件/套）
湖北省博物馆	—	8	211	147	1	367
辛亥革命武昌起义纪念馆	—	—	—	—	1	1
武汉博物馆	—	—	11	—	2	13
华中师范大学	—	—	—	—	2	2
武汉市蔡甸区博物馆	—	2	60	—	—	62
武汉市江夏区博物馆	—	1	33	—	38	72
武汉市中山舰博物馆	—	—	—	1	—	1
武汉市黄陂区博物馆	—	—	2	1	—	3
盘龙城遗址博物院	—	—	—	—	1	1
黄石市博物馆	—	1	—	—	—	1
阳新县博物馆	—	2	4	—	26	32
大冶市博物馆	—	—	1	—	16	17
十堰市博物馆	—	—	1	—	—	1
武当山旅游经济特区博物馆	—	—	—	—	4	4
十堰市郧阳博物馆	—	—	1	—	6	7
郧西县博物馆	—	—	—	—	6	6
房县博物馆	—	—	—	—	2	2
丹江口市博物馆	—	—	—	—	7	7
宜昌博物馆	—	—	3	—	25	28

续表3.15

收藏单位	一级文物（件/套）	二级文物（件/套）	三级文物（件/套）	一般文物（件/套）	未定级文物（件/套）	总计（件/套）
兴山县文物事业管理局	—	—	—	—	11	11
兴山县民俗博物馆	—	—	—	—	7	7
秭归县屈原纪念馆	—	—	1	—	32	33
长阳土家族自治县博物馆	—	—	—	—	1	1
宜都市博物馆	1	—	1	—	7	9
当阳市淯溪民俗博物馆	—	—	—	—	7	7
枝江市博物馆	—	—	—	—	15	15
襄阳市博物馆	—	—	8	7	67	82
南漳县博物馆	—	—	—	—	2	2
谷城县博物馆	—	—	—	—	8	8
老河口市博物馆	—	—	—	—	7	7
枣阳市博物馆	—	—	—	—	1	1
宜城市博物馆	—	—	—	—	20	20
鄂州市博物馆	—	—	299	—	645	944
荆门市博物馆	—	—	—	—	17	17
京山市博物馆	—	—	—	—	2	2
钟祥市博物馆	—	—	1	—	2	3
孝感市博物馆	—	—	—	45	—	45
孝感市孝南区博物馆	—	—	—	—	12	12
孝昌县博物馆	—	—	—	—	13	13
应城市博物馆	—	1	—	—	—	1
安陆市博物馆	—	—	2	—	14	16
荆州市荆州区博物馆	—	—	—	—	3	3
荆州博物馆	—	—	7	4	24	35
公安县博物馆	—	—	4	—	—	4
监利县革命历史博物馆	—	—	4	—	—	4
江陵县博物馆	—	—	—	—	3	3

续表3.15

收藏单位	一级文物（件/套）	二级文物（件/套）	三级文物（件/套）	一般文物（件/套）	未定级文物（件/套）	总计（件/套）
石首市博物馆	—	—	14	—	54	68
洪湖革命历史博物馆	—	—	4	—	40	44
松滋市博物馆	—	—	—	17	1	18
黄冈市黄州区博物馆（李四光纪念馆）	—	—	1	3	10	14
黄冈市博物馆	—	—	7	—	24	31
黄冈革命烈士陵园纪念馆	—	—	—	—	1	1
团风县博物馆	—	—	—	—	1	1
红安县博物馆	—	—	—	—	1	1
罗田县博物馆	—	—	—	—	3	3
英山县博物馆	—	—	2	3	—	5
浠水县博物馆	—	—	—	—	53	53
蕲春县博物馆	—	—	1	—	7	8
黄梅县博物馆	—	—	—	—	3	3
麻城市革命博物馆	—	—	1	—	1	2
武穴市博物馆	—	—	—	—	1	1
咸宁市咸安区博物馆	—	—	—	4	—	4
咸宁市博物馆	—	—	—	8	—	8
通城县博物馆	—	—	—	7	—	7
通山县博物馆	—	—	—	—	6	6
赤壁市博物馆	—	—	1	1	—	2
随州市博物馆	—	—	—	—	4	4
恩施州博物馆	—	—	—	—	2	2
巴东县博物馆	—	—	—	—	52	52
仙桃市博物馆	—	—	—	1	—	1
天门市博物馆	—	—	1	2	—	3
总计（件/套）	1	15	686	251	1321	2274

表3.16 陶瓷类盏托部分藏品分布

收藏单位	一级文物（件/套）	二级文物（件/套）	三级文物（件/套）	一般文物（件/套）	未定级文物（件/套）	总计（件/套）
湖北省博物馆	—	—	2	3	—	5
武汉博物馆	—	—	4	—	—	4
长江文明馆	—	—	—	—	1	1
武汉市蔡甸区博物馆	—	2	—	—	2	4
武汉市江夏区博物馆	—	1	2	—	—	3
武汉市中山舰博物馆	—	—	—	3	—	3
武汉市黄陂区博物馆	—	—	4	1	—	5
黄石市博物馆	—	1	—	—	—	1
阳新县博物馆	—	—	—	—	2	2
宜昌博物馆	—	—	2	—	1	3
秭归县屈原纪念馆	—	—	—	—	1	1
襄阳市博物馆	—	—	—	—	5	5
南漳县博物馆	—	—	—	—	1	1
老河口市博物馆	—	—	—	—	2	2
鄂州市博物馆	—	—	7	—	21	28
荆门市博物馆	—	—	—	—	1	1
应城市博物馆	—	1	—	—	—	1
荆州博物馆	—	—	—	1	10	11
石首市博物馆	1	—	—	—	—	1
黄冈市博物馆	—	—	1	—	2	3
英山县博物馆	—	—	2	2	—	4
浠水县博物馆	—	—	—	—	9	9
蕲春县博物馆	—	—	—	—	2	2
黄梅县博物馆	—	—	—	—	1	1
麻城市革命博物馆	—	—	—	—	1	1
天门市博物馆	—	1	1	2	—	4
总计（件/套）	1	6	25	12	62	106

表3.17　陶瓷类杯部分藏品分布

收藏单位	一级文物（件/套）	二级文物（件/套）	三级文物（件/套）	一般文物（件/套）	未定级文物（件/套）	总计（件/套）
湖北省博物馆	—	10	67	122	39	238
辛亥革命武昌起义纪念馆	—	—	—	—	5	5
八路军武汉办事处旧址纪念馆	—	—	—	—	1	1
武汉博物馆	—	10	273	—	75	358
江汉关博物馆	—	—	—	—	2	2
武汉国民政府旧址纪念馆	—	—	—	—	32	32
汉正街博物馆	—	—	—	—	1	1
湖北警察史博物馆	—	—	—	—	10	10
武汉市晴川阁管理处	—	—	—	—	3	3
湖北大学	—	—	1	1	4	6
武汉革命博物馆	—	—	—	—	6	6
辛亥革命博物馆	—	—	—	1	2	3
武汉钢铁集团武钢博物馆	—	—	—	—	1	1
华中师范大学	—	—	4	8	2	14
中南民族大学	—	—	—	—	2	2
长江文明馆	—	—	—	—	3	3
武汉市汉南区博物馆	—	—	—	—	6	6
武汉市蔡甸区博物馆	—	—	1	—	1	2
武汉市江夏区博物馆	—	—	3	—	12	15
武汉市中山舰博物馆	—	—	—	86	—	86
武汉市黄陂区博物馆	—	1	2	16	4	23
盘龙城遗址博物院	—	—	1	—	9	10
武汉市新洲区文物管理所（武汉市新洲区博物馆）	—	—	3	—	12	15
黄石市博物馆	—	—	—	—	87	87

续表3.17

收藏单位	一级文物（件/套）	二级文物（件/套）	三级文物（件/套）	一般文物（件/套）	未定级文物（件/套）	总计（件/套）
阳新县博物馆	—	—	1	—	9	10
大冶市博物馆	—	—	3	—	17	20
大冶市铜绿山古铜矿遗址博物馆	—	—	—	—	4	4
十堰市博物馆	—	—	—	—	17	17
十堰市郧阳博物馆	1	—	1	—	37	39
郧西县博物馆	—	—	—	—	13	13
竹山县博物馆	—	—	—	—	6	6
房县博物馆	—	—	—	—	19	19
丹江口市博物馆	—	—	1	—	21	22
宜昌博物馆	—	—	9	—	219	228
远安县博物馆	1	—	2	—	5	8
兴山县文物事业管理局	—	—	—	—	6	6
兴山县民俗博物馆	—	—	—	—	7	7
秭归县屈原纪念馆	—	—	—	—	30	30
长阳土家族自治县博物馆	—	—	20	—	44	64
宜都市博物馆	—	—	—	—	14	14
宜都市潘家湾土家族乡民俗文化博物馆	—	—	—	—	1	1
当阳市淯溪民俗博物馆	—	—	—	—	3	3
当阳市博物馆	—	—	—	—	12	12
枝江市博物馆	—	—	1	—	105	106
襄阳市博物馆	—	3	11	6	50	70
南漳县博物馆	—	—	—	—	2	2
谷城县博物馆	—	—	4	1	27	32
保康县博物馆	—	—	—	—	7	7
老河口市博物馆	—	1	1	—	40	42

续表3.17

收藏单位	一级文物（件/套）	二级文物（件/套）	三级文物（件/套）	一般文物（件/套）	未定级文物（件/套）	总计（件/套）
枣阳市博物馆	—	—	2	—	5	7
宜城市博物馆	—	—	2	—	2	4
鄂州市博物馆	—	6	39	—	180	225
荆门市博物馆	—	—	1	40	50	91
京山市博物馆	—	—	1	—	17	18
钟祥市博物馆	—	1	11	—	19	31
孝感市博物馆	—	—	—	10	1	11
孝感市孝南区博物馆	—	—	1	—	3	4
孝昌县博物馆	—	—	—	—	2	2
大悟县新四军第五师纪念馆	—	—	—	1	—	1
大悟县革命博物馆	—	—	—	8	—	8
云梦县博物馆	—	—	—	5	—	5
应城市博物馆	—	—	—	—	9	9
安陆市博物馆	—	—	—	—	4	4
汉川市博物馆	—	—	1	—	9	10
张居正纪念馆	—	—	—	—	1	1
荆州市荆州区博物馆	—	—	—	—	14	14
荆州博物馆	2	1	553	49	1505	2110
公安县博物馆	—	—	6	—	4	10
监利县革命历史博物馆	—	—	2	—	11	13
石首市博物馆	—	—	2	—	10	12
洪湖革命历史博物馆	—	—	2	—	22	24
松滋市博物馆	—	3	11	6	8	28
黄冈市黄州区博物馆（李四光纪念馆）	—	—	2	5	11	18
黄冈市博物馆	1	—	27	—	44	72

续表3.17

收藏单位	一级文物（件/套）	二级文物（件/套）	三级文物（件/套）	一般文物（件/套）	未定级文物（件/套）	总计（件/套）
黄冈市民俗博物馆	—	—	—	—	2	2
黄冈革命烈士陵园纪念馆	—	—	—	—	2	2
团风县博物馆	—	—	—	—	3	3
黄麻起义和鄂豫皖苏区纪念园管理处	—	—	1	—	—	1
罗田县博物馆	—	—	—	—	8	8
英山县博物馆	—	—	—	1	—	1
浠水县博物馆	—	—	—	—	18	18
蕲春县博物馆	—	—	6	—	13	19
李时珍纪念馆	—	—	—	—	2	2
黄梅县博物馆	—	—	1	—	71	72
麻城市革命博物馆	—	—	—	—	85	85
武穴市博物馆	—	—	3	—	24	27
咸宁市咸安区博物馆	—	—	—	3	—	3
咸宁市博物馆	—	—	—	7	—	7
嘉鱼县博物馆	—	—	1	—	—	1
通城县博物馆	—	—	—	5	—	5
通山县博物馆	—	—	—	—	3	3
赤壁市博物馆	—	—	—	4	—	4
随州市博物馆	—	—	3	9	188	200
随县博物馆（随县考古队）	—	—	—	—	4	4
广水市博物馆	—	—	1	3	3	7
恩施市文物事业管理局	—	—	—	—	16	16
恩施州博物馆	—	—	1	—	11	12
利川市文物事业管理局	—	—	—	—	4	4
巴东县博物馆	—	—	1	—	78	79

续表3.17

收藏单位	一级文物（件/套）	二级文物（件/套）	三级文物（件/套）	一般文物（件/套）	未定级文物（件/套）	总计（件/套）
宣恩县文物事业管理局（宣恩县民族博物馆）	—	—	—	—	1	1
咸丰县民族博物馆	—	—	—	—	9	9
来凤县民族博物馆	—	—	1	—	1	2
鹤峰县博物馆	—	—	1	—	16	17
仙桃市博物馆	—	—	—	17	—	17
潜江市博物馆	—	—	3	8	—	11
潜江市曹禺祖居博物馆	—	—	—	—	2	2
天门市博物馆	—	—	2	48	6	56
总计（件/套）	5	36	1097	470	3535	5143

表3.18　陶瓷类执壶部分藏品分布

收藏单位	一级文物（件/套）	二级文物（件/套）	三级文物（件/套）	一般文物（件/套）	未定级文物（件/套）	总计（件/套）
湖北省博物馆	1	4	5	12	3	25
辛亥革命武昌起义纪念馆	—	—	—	—	8	8
武汉博物馆	2	1	46	—	1	50
湖北大学	—	—	—	—	1	1
长江文明馆	—	—	—	—	25	25
武汉市蔡甸区博物馆	—	—	3	—	2	5
湖北明代藩王博物馆	—	—	2	5	—	7
盘龙城遗址博物院	—	—	1	—	—	1
武汉市新洲区文物管理所（武汉市新洲区博物馆）	—	—	4	—	2	6
黄石市博物馆	—	—	4	—	—	4
阳新县博物馆	—	—	—	—	1	1
武当山旅游经济特区博物馆	—	—	—	—	1	1

续表3.18

收藏单位	一级文物（件/套）	二级文物（件/套）	三级文物（件/套）	一般文物（件/套）	未定级文物（件/套）	总计（件/套）
十堰市郧阳博物馆	—	—	—	—	1	1
郧西县博物馆	—	—	—	—	2	2
竹山县博物馆	—	1	—	—	—	1
房县博物馆	—	—	—	—	2	2
丹江口市博物馆	—	—	—	—	2	2
宜昌博物馆	—	—	2	—	19	21
宜昌市夷陵区博物馆	—	—	—	—	2	2
兴山县民俗博物馆	—	—	—	—	1	1
秭归县屈原纪念馆	—	—	—	—	14	14
宜都市潘家湾土家族乡民俗文化博物馆	—	—	—	—	2	2
当阳市淯溪民俗博物馆	—	—	—	—	9	9
枝江市博物馆	—	—	1	—	1	2
襄阳市博物馆	—	1	3	2	33	39
南漳县博物馆	—	—	—	—	3	3
谷城县博物馆	—	—	—	—	3	3
老河口市博物馆	—	—	—	—	3	3
枣阳市博物馆	—	—	—	—	1	1
宜城市博物馆	—	—	—	—	1	1
鄂州市博物馆	—	3	2	—	12	17
京山市博物馆	—	—	1	—	—	1
孝感市博物馆	—	—	—	15	—	15
孝感市孝南区博物馆	—	—	—	—	16	16
应城市博物馆	—	—	1	1	1	3
荆州博物馆	—	—	5	1	9	15
洪湖革命历史博物馆	—	—	—	—	2	2
松滋市博物馆	—	—	—	18	1	19

收藏单位	一级文物（件/套）	二级文物（件/套）	三级文物（件/套）	一般文物（件/套）	未定级文物（件/套）	总计（件/套）
黄冈市黄州区博物馆（李四光纪念馆）	—	—	1	—	1	2
黄冈市博物馆	—	—	6	—	14	20
黄冈市民俗博物馆	—	—	—	—	1	1
红安县博物馆	—	1	2	—	16	19
罗田县博物馆	—	—	6	—	7	13
英山县博物馆	1	—	13	22	—	36
浠水县博物馆	1	—	4	—	11	16
蕲春县博物馆	—	—	16	—	21	37
李时珍纪念馆	—	—	—	—	1	1
黄梅县博物馆	—	1	1	—	13	15
麻城市革命博物馆	—	—	1	—	4	5
武穴市博物馆	—	1	2	—	35	38
咸宁市咸安区博物馆	—	—	—	6	—	6
咸宁市博物馆	—	—	1	12	—	13
通城县博物馆	—	—	—	4	—	4
崇阳县博物馆	—	—	—	3	—	3
通山县博物馆	—	—	—	—	13	13
赤壁市博物馆	—	—	—	3	—	3
广水市博物馆	—	—	—	—	2	2
恩施州博物馆	—	—	—	—	7	7
巴东县博物馆	—	—	—	—	12	12
潜江市博物馆	—	—	—	2	—	2
总计（件/套）	5	13	133	106	342	599

表3.19　梅瓶部分藏品分布

收藏单位	一级文物（件/套）	二级文物（件/套）	三级文物（件/套）	一般文物（件/套）	未定级文物（件/套）	总计（件/套）
湖北省博物馆	5	2	2	14	—	23
武汉博物馆	2	2	18	—	4	26
大冶市博物馆	—	—	—	—	1	1
丹江口市博物馆	—	—	—	—	1	1
宜昌博物馆	—	—	—	—	3	3
秭归县屈原纪念馆	—	—	—	—	1	1
枝江市博物馆	—	1	2	—	—	3
襄阳市博物馆	—	—	—	—	1	1
保康县博物馆	—	—	—	—	1	1
鄂州市博物馆	1	—	—	—	1	2
钟祥市博物馆	—	—	—	—	6	6
孝感市博物馆	—	—	—	1	—	1
应城市博物馆	—	—	—	1	—	1
荆州博物馆	—	—	4	—	3	7
监利县革命历史博物馆	—	—	—	—	1	1
黄冈市黄州区博物馆（李四光纪念馆）	—	—	—	1	—	1
罗田县博物馆	—	—	—	—	1	1
浠水县博物馆	—	1	3	—	—	4
黄梅县博物馆	—	—	1	—	—	1
麻城市革命博物馆	—	1	—	—	1	2
武穴市博物馆	—	—	—	—	3	3
恩施市文物事业管理局	—	—	1	—	—	1
巴东县博物馆	—	—	—	—	1	1
潜江市曹禺祖居博物馆	—	—	—	—	6	6
天门市博物馆	—	—	2	—	—	2
总计（件/套）	8	7	33	17	35	100

（三）其他生活用具

陶瓷制品自产生之日起就逐渐融入历代中国人日常生活的方方面面，除了上文所述饮食器具，其他陶瓷类生活用具主要包括烛台、香炉、香熏、枕、瓷墩（瓷鼓）、鼻烟壶等。

湖北省国有博物馆馆藏的陶瓷类烛台，陶瓷类香炉、香薰，陶瓷类枕，瓷墩（瓷鼓），陶瓷类鼻烟壶等部分藏品分布分别见表3.20至表3.24。

表3.20　陶瓷类烛台部分藏品分布

收藏单位	二级文物（件/套）	三级文物（件/套）	一般文物（件/套）	未定级文物（件/套）	总计（件/套）
湖北省博物馆	1	3	9	—	13
武汉博物馆	—	6	—	—	6
武汉市晴川阁管理处	—	—	—	1	1
华中师范大学	—	—	1	—	1
中南民族大学	—	—	—	2	2
长江文明馆	—	—	—	10	10
武汉市江夏区博物馆	—	2	—	—	2
武汉市新洲区文物管理所（武汉市新洲区博物馆）	—	2	—	—	2
十堰市博物馆	—	—	—	1	1
丹江口市博物馆	—	—	—	4	4
宜昌博物馆	—	—	—	2	2
远安县博物馆	—	—	—	4	4
兴山县文物事业管理局	—	—	—	2	2
兴山县民俗博物馆	—	—	—	4	4
长阳土家族自治县博物馆	—	—	—	12	12
枝江市博物馆	—	—	—	5	5
襄阳市博物馆	—	1	—	2	3

续表3.20

收藏单位	二级文物（件/套）	三级文物（件/套）	一般文物（件/套）	未定级文物（件/套）	总计（件/套）
老河口市博物馆	—	—	—	4	4
枣阳市博物馆	—	—	—	1	1
鄂州市博物馆	—	—	—	19	19
荆门市博物馆	—	—	—	1	1
钟祥市博物馆	—	—	—	3	3
孝感市孝南区博物馆	—	—	—	1	1
大悟县革命博物馆	—	—	1	—	1
应城市博物馆	—	—	4	—	4
荆州市荆州区博物馆	—	—	—	2	2
荆州博物馆	—	2	8	1	11
公安县博物馆	—	—	—	1	1
松滋市博物馆	—	—	—	1	1
黄冈市民俗博物馆	—	—	—	3	3
团风县博物馆	—	—	—	2	2
罗田县博物馆	—	—	—	1	1
浠水县博物馆	—	—	—	2	2
麻城市革命博物馆	—	—	—	5	5
武穴市博物馆	—	1	—	2	3
咸宁市博物馆	—	—	1	—	1
九口堰五师旧址纪念馆	—	—	—	1	1
恩施市文物事业管理局	—	—	—	1	1
鹤峰县博物馆	—	—	—	1	1
潜江市博物馆	—	—	1	—	1
总计（件/套）	1	17	25	101	144

表3.21　陶瓷类香炉、香薰部分藏品分布

收藏单位	二级文物（件/套）	三级文物（件/套）	一般文物（件/套）	未定级文物（件/套）	总计（件/套）
湖北省博物馆	—	1	4	—	5
武汉博物馆	1	35	—	22	58
湖北大学	—	—	1	9	10
华中师范大学	—	—	5	1	6
中南民族大学	—	—	—	4	4
长江文明馆	—	—	—	41	41
武汉市江夏区博物馆	1	—	—	1	2
武汉市中山舰博物馆	1	—	—	—	1
武汉市黄陂区博物馆	1	2	1	—	4
武汉市新洲区文物管理所（武汉市新洲区博物馆）	—	—	—	1	1
黄石市博物馆	—	2	—	1	3
大冶市博物馆	1	—	—	2	3
十堰市博物馆	—	—	—	2	2
武当山旅游经济特区博物馆	—	7	—	5	12
十堰市郧阳博物馆	—	2	—	27	29
郧西县博物馆	—	—	—	4	4
房县博物馆	—	—	—	1	1
丹江口市博物馆	—	—	—	18	18
宜昌博物馆	—	6	—	14	20
宜昌市夷陵区博物馆	—	—	—	2	2
远安县博物馆	—	—	—	1	1
兴山县文物事业管理局	—	—	—	4	4
秭归县屈原纪念馆	—	—	—	10	10
长阳土家族自治县博物馆	—	—	—	1	1
五峰土家族自治县文物事业管理局	—	—	—	2	2

续表3.21

收藏单位	二级文物（件/套）	三级文物（件/套）	一般文物（件/套）	未定级文物（件/套）	总计（件/套）
宜都市潘家湾土家族乡民俗文化博物馆	—	—	—	2	2
当阳市博物馆	1	—	—	—	1
枝江市博物馆	—	—	—	3	3
南漳县博物馆	—	—	—	2	2
保康县博物馆	—	—	—	1	1
枣阳市博物馆	—	—	—	2	2
鄂州市博物馆	—	2	—	91	93
荆门市博物馆	—	—	4	1	5
京山市博物馆	1	—	—	4	5
钟祥市博物馆	—	3	—	4	7
孝感市博物馆	—	—	8	—	8
孝昌县博物馆	—	—	1	1	2
大悟县革命博物馆	—	—	2	—	2
应城市博物馆	—	—	3	—	3
张居正纪念馆	—	—	—	1	1
荆州市荆州区博物馆	—	—	—	4	4
荆州博物馆	—	27	4	3	34
洪湖革命历史博物馆	—	—	—	2	2
松滋市博物馆	—	—	—	2	2
黄冈市博物馆	—	1	—	1	2
黄冈市民俗博物馆	—	—	—	1	1
团风县博物馆	—	—	—	2	2
红安县博物馆	—	—	—	4	4
罗田县博物馆	—	—	—	10	10
英山县博物馆	—	—	16	—	16

续表3.21

收藏单位	二级文物（件/套）	三级文物（件/套）	一般文物（件/套）	未定级文物（件/套）	总计（件/套）
浠水县博物馆	—	1	—	18	19
蕲春县博物馆	—	1	—	11	12
李时珍纪念馆	—	—	—	2	2
麻城市乘马会馆纪念馆	—	—	—	1	1
麻城市革命博物馆	1	2	—	59	62
武穴市博物馆	—	—	—	1	1
咸宁市咸安区博物馆	—	—	6	—	6
通城县博物馆	—	—	3	—	3
广水市博物馆	—	—	—	4	4
恩施市文物事业管理局	—	—	—	1	1
恩施州博物馆	—	—	—	1	1
巴东县博物馆	—	—	—	6	6
鹤峰县博物馆	—	2	—	7	9
仙桃市博物馆	—	1	1	—	2
潜江市博物馆	—	—	5	—	5
潜江市曹禺祖居博物馆	—	—	—	2	2
天门市博物馆	—	—	1	—	1
神农架自然博物馆	1	—	—	—	1
总计（件/套）	9	95	65	427	596

表3.22　陶瓷类枕部分藏品分布

收藏单位	一级文物（件/套）	二级文物（件/套）	三级文物（件/套）	一般文物（件/套）	未定级文物（件/套）	总计（件/套）
湖北省博物馆	2	3	8	3	1	17
辛亥革命武昌起义纪念馆	—	—	—	—	1	1
武汉二七纪念馆	—	—	—	—	1	1

收藏单位	一级文物（件/套）	二级文物（件/套）	三级文物（件/套）	一般文物（件/套）	未定级文物（件/套）	总计（件/套）
武汉博物馆	—	2	13	—	—	15
武汉市晴川阁管理处	—	—	—	—	1	1
辛亥革命博物馆	—	—	—	2	1	3
华中师范大学	—	1	1	1	—	3
长江文明馆	—	—	—	—	21	21
武汉市江夏区博物馆	—	—	—	—	1	1
武汉市新洲区文物管理所（武汉市新洲区博物馆）	—	—	—	—	1	1
大冶市博物馆	—	—	—	—	1	1
宜昌博物馆	1	—	1	—	1	3
远安县博物馆	—	1	—	—	—	1
秭归县屈原纪念馆	—	—	—	—	1	1
宜都市博物馆	—	—	1	—	—	1
枝江市博物馆	—	—	—	—	1	1
襄阳市博物馆	—	1	1	—	—	2
南漳县博物馆	—	—	—	—	1	1
宜城市博物馆	—	—	—	—	1	1
鄂州市博物馆	—	—	—	—	1	1
荆门市博物馆	—	2	—	—	—	2
钟祥市博物馆	1	2	2	—	1	6
孝感市博物馆	—	—	—	1	—	1
云梦县博物馆	—	—	—	1	—	1
安陆市博物馆	2	—	2	—	1	5
荆州市荆州区博物馆	—	—	—	—	1	1
荆州博物馆	1	—	5	—	1	7
洪湖革命历史博物馆	—	—	1	—	1	2

续表3.22

收藏单位	一级文物（件/套）	二级文物（件/套）	三级文物（件/套）	一般文物（件/套）	未定级文物（件/套）	总计（件/套）
松滋市博物馆	—	1	—	—	—	1
黄冈市博物馆	—	—	1	—	3	4
红安县博物馆	—	—	—	—	1	1
罗田县博物馆	—	1	—	—	—	1
英山县博物馆	—	—	—	1	—	1
浠水县博物馆	—	1	—	—	3	4
蕲春县博物馆	—	1	1	—	1	3
李时珍纪念馆	—	—	—	—	3	3
黄梅县博物馆	1	1	—	—	—	2
麻城市革命博物馆	1	—	—	—	1	2
武穴市博物馆	—	—	1	—	1	2
通城县博物馆	—	—	—	2	—	2
崇阳县博物馆	1	1	1	—	—	3
通山县博物馆	—	1	—	—	—	1
恩施州博物馆	—	—	1	—	1	2
潜江市曹禺祖居博物馆	—	—	—	—	3	3
总计（件/套）	10	19	40	11	57	137

表3.23　瓷墩（瓷鼓）部分藏品分布

收藏单位	三级文物（件/套）	一般文物（件/套）	未定级文物（件/套）	总计（件/套）
湖北省博物馆	1	—	—	1
武汉博物馆	6	—	—	6
汉正街博物馆	—	—	2	2
宜昌博物馆	—	—	1	1
鄂州市博物馆	—	—	6	6
应城市博物馆	—	3	—	3

续表3.23

收藏单位	三级文物 （件/套）	一般文物 （件/套）	未定级文物 （件/套）	总计 （件/套）
汉川市博物馆	—	—	1	1
红安县博物馆	—	—	3	3
浠水县博物馆	—	—	2	2
蕲春县博物馆	—	—	1	1
黄梅县博物馆	—	—	1	1
总计（件/套）	7	3	17	27

表3.24　陶瓷类鼻烟壶部分藏品分布

收藏单位	三级文物 （件/套）	一般文物 （件/套）	未定级文物 （件/套）	总计 （件/套）
湖北省博物馆	4	6	—	10
武汉博物馆	8	—	39	47
武汉市晴川阁管理处	—	—	1	1
华中师范大学	—	—	5	5
十堰市博物馆	—	—	10	10
宜昌博物馆	—	—	2	2
老河口市博物馆	—	—	2	2
鄂州市博物馆	—	—	3	3
汉川市博物馆	—	—	1	1
张居正纪念馆	—	—	1	1
荆州博物馆	1	1	2	4
麻城市革命博物馆	—	—	2	2
咸宁市咸安区博物馆	—	1	—	1
崇阳县博物馆	—	1	—	1
恩施市文物事业管理局	—	—	2	2
总计（件/套）	13	9	70	92

（四）文房用品

陶瓷类文房用品是最具艺术人文气息的陶瓷制品之一，包括砚、笔洗、水滴、笔筒、笔海、笔架、笔山、笔杆等。

湖北省国有博物馆馆藏的陶瓷类文房用品，如砚、笔洗、水滴等部分藏品分布分别见表3.25至表3.27。

表3.25　陶瓷类砚部分藏品分布

收藏单位	二级文物 （件/套）	三级文物 （件/套）	一般文物 （件/套）	未定级文物 （件/套）	总计 （件/套）
湖北省博物馆	—	2	—	3	5
武汉博物馆	—	—	—	1	1
武汉市黄陂区博物馆	—	1	—	—	1
黄石市博物馆	1	2	—	—	3
大冶市博物馆	—	1	—	—	1
宜昌博物馆	—	—	—	1	1
襄阳市博物馆	—	1	—	—	1
鄂州市博物馆	1	1	—	2	4
孝感市博物馆	—	—	1	—	1
孝昌县博物馆	—	—	—	1	1
荆州博物馆	—	—	—	2	2
石首市博物馆	—	—	—	1	1
团风县博物馆	—	—	—	1	1
浠水县博物馆	—	—	—	1	1
蕲春县博物馆	—	—	—	1	1
咸宁市咸安区博物馆	—	—	1	—	1
嘉鱼县博物馆	1	—	—	—	1
赤壁市博物馆	—	—	2	—	2
巴东县博物馆	—	—	—	1	1

续表3.25

收藏单位	二级文物 （件/套）	三级文物 （件/套）	一般文物 （件/套）	未定级文物 （件/套）	总计 （件/套）
仙桃市博物馆	—	1	—	—	1
潜江市博物馆	—	—	1	—	1
总计（件/套）	3	9	5	15	32

表3.26　陶瓷类笔洗部分藏品分布

收藏单位	三级文物 （件/套）	一般文物 （件/套）	未定级文物 （件/套）	总计 （件/套）
湖北省博物馆	—	2	—	2
武汉市黄陂区博物馆	—	1	—	1
黄石市博物馆	—	—	1	1
大冶市博物馆	—	—	1	1
兴山县文物事业管理局	—	—	1	1
钟祥市博物馆	1	—	—	1
咸宁市咸安区博物馆	—	3	—	3
咸丰县民族博物馆	—	—	1	1
总计（件/套）	1	6	4	11

表3.27　陶瓷类水滴部分藏品分布

收藏单位	未定级文物 （件/套）	总计 （件/套）
武汉博物馆	1	1
张居正纪念馆	1	1
总计（件/套）	2	2

（五）陈设品

此类陶瓷制品多用于家庭陈设，反映人们对美好生活的追求与向往，包括塑像、瓷板、帽筒等。

　　湖北省国有博物馆馆藏的塑像、瓷板以及陶瓷类帽筒等陶瓷制品部分藏品分布分别见表3.28至表3.30。

表3.28　塑像部分藏品分布

收藏单位	三级文物（件/套）	未定级文物（件/套）	总计（件/套）
公安县博物馆	5	—	5
浠水县博物馆	—	1	1
总计（件/套）	5	1	6

表3.29　瓷板部分藏品分布

收藏单位	二级文物（件/套）	三级文物（件/套）	一般文物（件/套）	未定级文物（件/套）	总计（件/套）
湖北省博物馆	—	2	1	—	3
辛亥革命武昌起义纪念馆	—	—	—	2	2
武汉博物馆	—	2	—	—	2
湖北大学	—	—	1	—	1
荆州博物馆	—	6	—	—	6
浠水县博物馆	1	1	—	4	6
麻城市革命博物馆	—	—	—	1	1
总计（件/套）	1	11	2	7	21

表3.30　陶瓷类帽筒部分藏品分布

收藏单位	三级文物（件/套）	一般文物（件/套）	未定级文物（件/套）	总计（件/套）
湖北省博物馆	1	2	—	3
辛亥革命武昌起义纪念馆	—	—	1	1
汉正街博物馆	—	—	1	1

续表3.30

收藏单位	三级文物（件/套）	一般文物（件/套）	未定级文物（件/套）	总计（件/套）
武汉市晴川阁管理处	—	—	2	2
武汉革命博物馆	1	—	1	2
辛亥革命博物馆	—	1	—	1
华中师范大学	—	1	—	1
长江文明馆	—	—	20	20
武汉市黄陂区博物馆	—	1	—	1
武汉市新洲区文物管理所（武汉市新洲区博物馆）	—	—	2	2
黄石市博物馆	—	—	15	15
阳新县博物馆	—	—	4	4
大冶市博物馆	—	—	4	4
十堰市博物馆	—	—	2	2
十堰市郧阳博物馆	—	—	5	5
丹江口市博物馆	—	—	4	4
远安县博物馆	—	—	2	2
秭归县屈原纪念馆	—	—	4	4
长阳土家族自治县博物馆	—	—	1	1
宜都市博物馆	3	—	3	6
宜都市潘家湾土家族乡民俗文化博物馆	—	—	1	1
当阳市淯溪民俗博物馆	—	—	1	1
枝江市博物馆	—	—	3	3
南漳县博物馆	—	—	3	3
保康县博物馆	—	—	3	3
老河口市博物馆	—	—	1	1
鄂州市博物馆	—	—	93	93

续表3.30

收藏单位	三级文物（件/套）	一般文物（件/套）	未定级文物（件/套）	总计（件/套）
荆门市博物馆	—	—	2	2
钟祥市博物馆	—	—	4	4
孝感市孝南区博物馆	—	—	1	1
应城市博物馆	—	2	—	2
荆州博物馆	8	3	—	11
公安县博物馆	—	—	2	2
监利县革命历史博物馆	—	—	1	1
洪湖革命历史博物馆	—	—	2	2
松滋市博物馆	—	—	2	2
黄冈市博物馆	—	—	3	3
黄冈市民俗博物馆	—	—	2	2
红安县博物馆	—	—	2	2
英山县博物馆	—	4	—	4
浠水县博物馆	—	—	20	20
黄梅县博物馆	2	—	9	11
麻城市革命博物馆	—	—	27	27
武穴市博物馆	—	—	12	12
咸宁市咸安区博物馆	—	3	—	3
咸宁市博物馆	—	1	—	1
通城县博物馆	—	2	—	2
恩施市文物事业管理局	—	—	25	25
恩施州博物馆	—	—	1	1
来凤县民族博物馆	—	—	5	5
鹤峰县博物馆	—	—	1	1
潜江市博物馆	—	17	—	17
总计（件/套）	15	37	297	349

（六）纪年款瓷

此类陶瓷制品著有明确的制作年代或附带制作目的，多为判定时代特征的标准器物，但也不排除有些是后仿品。

湖北省国有博物馆馆藏的有纪年款瓷器部分藏品分布见表3.31。

表3.31 有纪年款瓷器部分藏品分布

收藏单位	一级文物（件/套）	二级文物（件/套）	三级文物（件/套）	一般文物（件/套）	未定级文物（件/套）	总计（件/套）
湖北省博物馆	1	169	140	29	2	341
辛亥革命武昌起义纪念馆	—	—	—	—	7	7
武汉博物馆	—	3	3	—	1	7
江汉关博物馆	—	—	—	—	2	2
武汉市晴川阁管理处	—	—	—	—	4	4
湖北大学	—	—	—	2	1	3
武汉革命博物馆	—	—	—	—	2	2
华中师范大学	—	—	—	2	1	3
湖北明代藩王博物馆	—	5	2	2	—	9
大冶市博物馆	—	—	—	—	33	33
十堰市博物馆	—	—	1	—	—	1
武当山旅游经济特区博物馆	—	—	1	—	—	1
十堰市郧阳博物馆	—	—	—	—	3	3
郧西县博物馆	—	—	2	—	1	3
丹江口市博物馆	—	—	—	—	6	6
宜昌博物馆	—	1	7	—	5	13
远安县博物馆	—	—	2	—	2	4
兴山县文物事业管理局	—	—	—	—	29	29
兴山县民俗博物馆	—	—	—	—	4	4
长阳土家族自治县博物馆	—	—	3	—	4	7

续表3.31

收藏单位	一级文物（件/套）	二级文物（件/套）	三级文物（件/套）	一般文物（件/套）	未定级文物（件/套）	总计（件/套）
宜都市博物馆	—	—	—	—	1	1
枝江市博物馆	—	—	1	—	14	15
襄阳市博物馆	—	—	—	1	—	1
南漳县博物馆	—	—	—	—	18	18
鄂州市博物馆	—	—	15	—	35	50
荆门市博物馆	—	—	—	—	2	2
京山市博物馆	—	—	—	—	2	2
钟祥市博物馆	—	1	11	—	28	40
大悟县革命博物馆	—	—	—	4	—	4
应城市博物馆	—	—	—	11	—	11
汉川市博物馆	—	—	—	—	6	6
荆州市荆州区博物馆	—	—	—	—	3	3
荆州博物馆	—	2	103	81	37	223
公安县博物馆	—	—	1	—	—	1
监利县革命历史博物馆	—	—	63	—	9	72
松滋市博物馆	—	—	—	—	4	4
黄冈市黄州区博物馆（李四光纪念馆）	1	—	—	2	—	3
黄冈市博物馆	—	—	1	—	6	7
黄冈市民俗博物馆	—	—	—	—	1	1
红安县博物馆	—	1	1	—	4	6
英山县博物馆	—	—	—	4	—	4
浠水县博物馆	—	—	2	—	34	36
李时珍纪念馆	—	—	—	—	39	39
黄梅县博物馆	—	1	6	—	—	7
麻城市革命博物馆	—	—	—	—	4	4

续表3.31

收藏单位	一级文物 （件/套）	二级文物 （件/套）	三级文物 （件/套）	一般文物 （件/套）	未定级文物 （件/套）	总计 （件/套）
武穴市博物馆	—	—	—	—	9	9
恩施市文物事业管理局	—	—	6	—	5	11
建始县文物管理局 （建始县博物馆）	—	2	8	—	1	11
潜江市博物馆	—	—	2	3	—	5
天门市博物馆	—	—	2	—	—	2
神农架自然博物馆	—	1	—	—	—	1
总计（件/套）	2	186	383	141	369	1081

自明洪武二年（1369年）朝廷在景德镇设立御窑厂之后，瓷器制作就出现了官窑和民窑两个体系。官窑自明宣德年间起，开始使用"大明+年号+年制"的落款形式。清代延续了这种落款形式，即其落款形式为"大清+年号+年制"。

湖北省国有博物馆馆藏的"大明+年号+年制"款瓷器、"大清+年号+年制"款瓷器部分藏品分布分别见表3.32、表3.33。

表3.32　"大明+年号+年制"款瓷器部分藏品分布

收藏单位	三级文物 （件/套）	一般文物 （件/套）	未定级文物 （件/套）	总计 （件/套）
南漳县博物馆	—	—	1	1
京山市博物馆	—	—	1	1
钟祥市博物馆	4	—	9	13
应城市博物馆	—	1	—	1
荆州博物馆	—	—	1	1
英山县博物馆	—	3	—	3
武穴市博物馆	—	—	2	2
总计（件/套）	4	4	14	22

表3.33　"大清+年号+年制"款瓷器部分藏品分布

收藏单位	二级文物（件/套）	三级文物（件/套）	一般文物（件/套）	未定级文物（件/套）	总计（件/套）
辛亥革命武昌起义纪念馆	—	—	—	3	3
武汉博物馆	1	—	—	—	1
宜昌博物馆	—	—	—	1	1
南漳县博物馆	—	—	—	1	1
钟祥市博物馆	—	—	—	3	3
应城市博物馆	—	—	3	—	3
汉川市博物馆	—	—	—	1	1
荆州博物馆	—	1	1	—	2
红安县博物馆	—	1	—	—	1
罗田县博物馆	—	—	—	1	1
英山县博物馆	—	—	1	—	1
黄梅县博物馆	1	6	—	—	7
武穴市博物馆	—	—	—	1	1
恩施市文物事业管理局	—	—	—	2	2
总计（件/套）	2	8	5	13	28

第二节　新石器时代至东周时期陶瓷价值分析

一、新石器时代至东周时期陶瓷发展特点

（一）新石器时代至东周时期陶器发展特点

新石器时代早期，陶器胎质比较疏松，大部分为夹砂陶，掺杂有石英颗粒或贝壳等；均为手制，多以泥条盘筑法或泥片贴塑法制成，胎壁厚薄不均，内壁多凹凸不平；烧成温度不高；陶色不一，有红褐色、灰色、黄褐色等；外壁多为拍印绳纹、篮纹等。新石器时代中期，陶器基本为手制，制作的方法有泥条盘筑法、泥片贴塑法和直接捏塑法；陶器胎质较好，有夹砂和泥质两类，陶色有红、黑、褐等色；器物装饰以拍印、压印、刻画等为主，纹饰有绳纹、弦纹、几何纹等；有些地区还出现了少量的彩陶。新石器时代晚期陶器发展迅速，制作方法有手制和轮制，手制方法有泥条盘筑法、泥片贴塑法、直接捏塑法，轮制方法有慢轮整修法和快轮制陶法；陶器胎质有夹砂和泥质两类，胎质精细，胎壁薄，胎色有红、黑、白、灰等色；纹饰有绳纹、弦纹、锥刺纹、镂孔等。新石器时代晚期，彩陶比较发达，如仰韶文化的彩陶，多以黑彩、红彩绘仿生植物纹、动物纹、几何纹等。

夏商周时期陶器的品种进一步丰富，有灰陶、灰褐陶、红陶和黑陶等，胎质分夹砂和泥质两类，是使用较为普遍的陶器，故称为普通陶器[1]。普通陶器耐火度比较高，胎质比较坚硬、致密。夹砂陶一般掺杂有砂粒或蚌壳粉末等，砂粒粗细不均。泥质陶选料精细，陶土经过淘洗，质地细腻。制法以轮制为主，还

---

[1] 权奎山，孟原召.古代陶瓷[M].北京：文物出版社，2008：63.

有模制和手制。有些器物采用模制与轮制修整结合的方法，如罐、盆等。有些器物的附件是成形之后粘接而成，如足、耳、鋬等。装饰手法主要有拍印、刻画、磨光、压印、堆塑等，纹饰有绳纹、弦纹、动植物纹、几何纹等。商代陶器上出现了仿青铜器纹样图案，如饕餮纹、云雷纹和夔纹等。这一时期除了传统的生活用具之外，还出现了建筑用具、生产工具、丰富多样的陶塑品以及仿青铜陶礼器等。夏商周时期是白陶比较发达的一个时期，特别是商代早、中期。白陶造型规整、器壁厚薄均匀，流、鋬、足等做法讲究，器物表面经过修整打磨，线条流畅，装饰花纹繁复，有饕餮纹、夔纹、龙纹、兽面纹、蝉纹、云雷纹、三角纹、乳钉纹、涡纹等。白陶制作精美，多为上层阶级使用，其造型与青铜器相似。南方地区的夏商周时期遗址中出现了一种胎体致密，器表印有纹饰的印纹硬陶。但从造型上看，这种陶器属于二里头文化器物，而非由南方传入[1]。印纹硬陶的胎色有紫褐色、橙黄色、灰色、灰白色等，纹饰主要有几何纹、云雷纹、人字纹、席纹、涡纹、圆圈纹、方格纹、回纹、绳纹等，器型多为瓮、罍、樽、瓿等。

（二）新石器时代至东周时期瓷器发展特点

瓷器源于中国，早在山西省夏县东下冯的二里头遗址中就已发现了原始瓷器的瓷片标本，但因标本过少，难以作更多的推论。南北各地均发现了殷商时代的原始瓷器标本，并且发现了晚商或商周之际的瓷窑。基于瓷器的基本属性和以上资料，学术界把瓷器出现的时间确定在3000多年前的商代中期，并将商代至东汉中期的青釉瓷器叫作"原始瓷器"。

商代是原始瓷器创烧和初步发展的时期。这一时期原始瓷器的原料为高岭土或者瓷土，烧成温度较高，器表有黄绿色或青灰色釉，基本具备了瓷器形成的条件。但由于与东汉及之后的成熟瓷器相比，其吸水率较高，釉层厚薄不均，因此被称为原始瓷器。这一时期原始瓷器的胎多为灰白色且略泛黄，釉色以青绿色为

[1] 中国社会科学院考古研究所.中国考古学·夏商卷[M].北京：中国社会科学出版社，2003：5.

主，釉层较薄，很少流釉。至春秋战国时期，瓷器制法多为轮制，造型规整，釉面光洁。商周时期原始瓷器的器型和纹饰多与同时代的陶器或青铜器一致，器表多为压印、刻画、戳印或堆贴纹等[1]。

二、新石器时代至东周时期重要陶瓷资源统计

（一）新石器时代

陶器的出现象征着人类固定居所生活的开始。湖北境内最早的人类文明出现在新石器时代，其中，比较具有代表性的文化包括城背溪文化（公元前7500—前5000）、大溪文化（公元前4500—前3300）、屈家岭文化（公元前3300—前2600）和石家河文化（公元前2600—前2000），在这些文化的代表性遗址中，均发现了红陶、黑陶、灰陶等生活器具[2]。第一次全国可移动文物普查数据显示，湖北境内出土的新石器时代陶器多达17 839件/套。

1.城背溪文化遗址

城背溪文化遗址位于湖北秭归柳林溪和宜都城背溪。在城背溪文化遗址中发现的陶器，其制陶原料包括塑性原料和瘠性原料两类，以前者为主，后者为辅。一般器物以普通黏土为原料，个别器物存在以高岭土为原料的情况。辅料中，以碳化稻壳最为常见，砂粒次之，陶末罕见。陶质则以夹炭红陶最多，夹砂红陶次之，夹砂白陶和夹陶末红陶鲜见，未见细泥陶。器型以圆底器物为主，陶器的成形方法以泥片贴塑法为主，陶器均通过氧化焰烧结而成。

---

[1] 权奎山，孟原召.古代陶瓷[M].北京：文物出版社，2008：77.

[2] 李奇.荆楚文库——湖北陶瓷[M].武汉：湖北科学技术出版社，2018.

城背溪文化遗址出土的陶器包括高领罐、折沿罐、釜、仰折沿溜肩罐、双耳罐、钵等。湖北省国有博物馆馆藏的城背溪文化遗址出土的陶器部分藏品分布见表3.34。

表3.34　城背溪文化遗址出土的陶器部分藏品分布

收藏单位	一级文物（件/套）	三级文物（件/套）	一般文物（件/套）	未定级文物（件/套）	总计（件/套）
湖北省博物馆	—	16	21	3	40
宜昌博物馆	1	—	—	118	119
总计（件/套）	1	16	21	121	159

2.大溪文化遗址

大溪文化因最初发现于四川省巫山县（巫山县现属重庆市）大溪遗址而得名。现已知的大溪文化遗址，西起瞿塘峡两岸，东至洪湖之滨，横跨川、鄂、湘三省。目前，已发掘的大溪文化遗址有20余处，虽然均为大溪文化类型，但是其面貌仍旧存在一定的差异。有部分文献资料认为，大溪文化类型呈现出继承城背溪文化类型的特征。

现述湖北境内的大溪文化遗址多为1973—1976年发掘的湖北宜都红花套遗址（面积2800余平方米），1978—1980年发掘的湖北枝江县关庙山遗址（面积2000余平方米），以及松滋县桂花树遗址，江陵县毛家山遗址、蔡家台遗址，宜昌县清水滩遗址，公安县王家岗遗址等。

在湖北境内的大溪文化遗址中出土了大量陶器，有红陶、黑陶、灰陶、白陶、褐陶等，其中红陶出土量最多。陶器胎质分为泥质、夹炭、夹砂三种。陶器制法均为手制，主要方法有泥条盘筑法和直接捏塑法两种。装饰手法主要分为三类，第一类器表装饰纹饰，纹饰主要有戳印纹、刻画纹、篦印纹、拍印纹、弦纹、瓦棱纹和镂孔；第二类为彩陶；第三类为朱绘。大溪文化遗址中出土的陶器类型主要有罐、碗、盘、豆、盆、鼎、器盖、瓮、瓶、壶、钵、碟、器座、支座等，其中罐、碗、盘、豆、盆、鼎、器盖七类约占陶器总数的80%以上。

湖北省国有博物馆馆藏的大溪文化遗址出土的陶器部分藏品分布见表3.35。

表3.35　大溪文化遗址出土的陶器部分藏品分布

收藏单位	一级文物（件/套）	二级文物（件/套）	三级文物（件/套）	一般文物（件/套）	未定级文物（件/套）	总计（件/套）
湖北省博物馆	—	61	8	30	2	101
长江文明馆	—	—	—	—	11	11
宜昌博物馆	7	—	—	—	863	870
长阳土家族自治县博物馆	—	1	54	—	252	307
枝江市博物馆	—	—	—	—	11	11
荆门市博物馆	—	—	1	—	54	55
京山市博物馆	—	—	—	—	1	1
荆州博物馆	—	—	118	1	374	493
监利县革命历史博物馆	—	—	2	—	8	10
松滋市博物馆	—	11	13	—	18	42
恩施州博物馆	—	—	—	—	2	2
总计（件/套）	7	73	196	31	1596	1903

3.屈家岭文化遗址

屈家岭文化遗址最早是在20世纪50年代发现于湖北省京山县（现为京山市）屈家岭村。屈家岭文化遗址遗存堆积深厚，堆积层次相当多。早期遗存中的灰坑及地层只出土了陶小鼎、曲腹杯、豆、盆、罐、器盖，以及朱绘黑陶曲腹杯，未见壶形器。晚期遗存中出土有双腹陶鼎、豆、碗、盆、钵以及壶形器、喇叭形杯、高足杯、有领弦纹罐、彩陶纺轮、彩陶环等，未见朱绘黑陶曲腹杯、宽沿面大口罐、彩陶盆等。所以，目前所称的屈家岭文化遗址实际上包含了两种遗存：第一种遗存中的陶器以泥质灰陶为主，也有部分黑陶，黄陶、红陶数量较少；陶器种类以双腹陶鼎、碗、豆、钵、盆及壶形器、喇叭形杯、高足杯、有领弦纹罐、彩陶纺轮、彩陶环等为代表，还有大型的陶锅、陶缸等，均为实用器，器形较大；第二种遗存中的陶器以黑陶为主，也有灰陶、黄陶和红陶，陶器种类以陶小鼎、曲腹杯、簋、罐等为代表，其中朱绘黑陶尤有特色，所出土部分器物为明器，器形较小。由此可见，两类遗存中的陶器在陶色和器物组合上都存在着本质的差别。

部分文献资料认为，屈家岭文化吸收、融合了仰韶文化系统的文化因素，从而丰富了自身的文化内涵，同时与大溪文化存在继承的关系。

湖北省国有博物馆馆藏的屈家岭文化遗址出土的陶器部分藏品分布见表3.36。

表3.36　屈家岭文化遗址出土的陶器部分藏品分布

收藏单位	一级文物（件/套）	二级文物（件/套）	三级文物（件/套）	一般文物（件/套）	未定级文物（件/套）	总计（件/套）
湖北省博物馆	5	1	41	121	27	195
武汉博物馆	—	—	120	—	—	120
房县博物馆	—	—	—	—	2	2
宜昌博物馆	—	1	5	—	531	537
五峰土家族自治县文物事业管理局	—	—	—	—	3	3
枝江市博物馆	—	—	—	—	4	4
宜城市博物馆	—	—	—	—	64	64
荆门市博物馆	—	—	—	1	—	1
京山市博物馆	—	—	3	12	76	91
钟祥市博物馆	—	—	—	—	1	1
孝感市博物馆	—	—	—	13	—	13
大悟县革命博物馆	—	—	—	19	—	19
汉川市博物馆	—	—	—	—	1	1
荆州博物馆	—	—	693	—	1578	2271
松滋市博物馆	—	—	11	—	3	14
总计（件/套）	5	2	873	166	2290	3336

4.石家河文化遗址

石家河文化是在屈家岭文化的基础上发展起来的，其发展时期相当于中原龙山文化的晚期至夏王朝统治的前期，曾一度被称为"青龙泉三期文化"。因湖北天门石家河遗址更具这种文化的代表性，故考古界统一称之为石家河文化。

石家河文化遗址主要有湖北郧县青龙泉与大寺，房县七里河，天门石家河，当阳季家湖，松滋桂花树，均县乱石滩和花果园，孝感碧公台与涨水庙，枝江关庙山，江陵蔡家台和张泉山，圻春易家山等。石家河文化分布地域较广，遍布湖北全境，延续时间也较长。利用碳14测定的石家河文化遗址出土陶器的年代集中在公元前2400年前后，说明石家河文化晚期已进入中原夏王朝统治时代。

石家河文化遗址早期遗存中的陶系以灰陶为主，黑陶次之（但其灰陶、黑陶数量较屈家岭文化遗址晚期遗存中的减少），红陶占有一定比例。带纹饰陶器相比以前增多，但素面陶仍占大多数，其中篮纹陶器数量跃居第一位，此外还有一些划纹、弦纹、镂孔、宽带附加堆纹、方格纹陶器等。彩陶数量剧减，罕见晕染法，但前期彩陶纺轮仍较多。器型主要有高领罐、壶形器、高圈足杯、缸形器、小罐形鼎、三足式钮器盖等，较前期发生了很大的变化，新出现盆形宽扁足鼎、深筒形缸、高喇叭形圈足豆、平底钵、瘦长形高圈足杯、斜壁厚胎红陶杯等。

湖北省国有博物馆馆藏的石家河文化遗址出土的陶器部分藏品分布见表3.37。

表3.37 石家河文化遗址出土的陶器部分藏品分布

收藏单位	一级文物（件/套）	三级文物（件/套）	一般文物（件/套）	未定级文物（件/套）	总计（件/套）
湖北省博物馆	—	26	33	78	137
长江文明馆	—	—	—	8	8
盘龙城遗址博物院	—	—	—	1	1
大冶市铜绿山古铜矿遗址博物馆	—	—	—	3	3
十堰市郧阳博物馆	—	1	—	5	6
宜昌博物馆	—	—	—	32	32
枝江市博物馆	—	—	—	4	4

续表3.37

收藏单位	一级文物（件/套）	三级文物（件/套）	一般文物（件/套）	未定级文物（件/套）	总计（件/套）
襄阳市博物馆	—	—	—	16	16
荆门市博物馆	—	—	1	—	1
京山市博物馆	—	—	—	6	6
荆州博物馆	1	1242	—	2979	4222
监利县革命历史博物馆	—	2	—	1	3
松滋市博物馆	—	—	—	3	3
咸宁市博物馆	—	—	91	—	91
总计（件/套）	1	1271	125	3136	4533

（二）夏商周时期

1.原始青瓷

我国最初的青瓷烧造工艺相对简单，通常以高岭土制胎，表面施石灰釉（将石灰石粉碎后加适量黏土调配而成，以钙的氧化物为主要助熔剂，三氧化二铁为主要着色剂），在1200 ℃的还原焰条件下烧造而成。由于烧造工艺相对简单，原始青瓷的特点是胎质粗松，釉层不均，釉面呈现出多开片玻璃质结构，釉色通常为青绿色，有时也会因为烧造气氛等原因呈现黄绿色或灰青色，而且釉面通常会出现垂釉或积釉痕迹（俗称"疙瘩釉"），釉面多有方格纹、弦纹、云雷纹等纹饰，器物多为仿青铜器，大多数还留有泥条盘筑的痕迹。

湖北省国有博物馆馆藏的原始青瓷部分藏品分布见表3.38。

表3.38　原始青瓷部分藏品分布

收藏单位	一级文物（件/套）	未定级文物（件/套）	总计（件/套）
石首市博物馆	1	—	1
洪湖革命历史博物馆	—	1	1
总计（件/套）	1	1	2

2.黑陶

春秋战国时期，宜昌地区生产一种黑釉陶器，器物种类以日常生活用具为主，器型有罐、盆等。器物制作工艺精湛，特别是磨光黑陶，外形规整，色泽光亮，具有很高的工艺价值。

湖北省国有博物馆馆藏的春秋时期、战国时期黑陶部分藏品分布分别见表3.39、表3.40。

表3.39 春秋时期黑陶部分藏品分布

收藏单位	一级文物（件/套）	二级文物（件/套）	三级文物（件/套）	未定级文物（件/套）	总计（件/套）
湖北省博物馆	—	—	—	1	1
宜昌博物馆	9	4	3	14	30
当阳市博物馆	—	—	1	—	1
枝江市博物馆	—	—	1	—	1
襄阳市博物馆	—	—	—	41	41
京山市博物馆	—	—	1	—	1
随县博物馆（随县考古队）	—	—	—	1	1
总计（件/套）	9	4	6	57	76

表3.40 战国时期黑陶部分藏品分布

收藏单位	三级文物（件/套）	一般文物（件/套）	未定级文物（件/套）	总计（件/套）
大冶市博物馆	1	—	—	1
郧西县博物馆	—	—	2	2
宜昌博物馆	—	—	55	55
当阳市博物馆	3	—	2	5
襄阳市博物馆	—	—	37	37
鄂州市博物馆	—	—	1	1
荆门市博物馆	—	41	—	41

续表3.40

收藏单位	三级文物 （件/套）	一般文物 （件/套）	未定级文物 （件/套）	总计 （件/套）
应城市博物馆	—	8	1	9
荆州市荆州区博物馆	—	—	1	1
荆州博物馆	22	—	9	31
总计（件/套）	26	49	108	183

3.彩绘陶

彩绘陶是与漆器、青铜器、丝绸、玉石器等并存的，战国时期及秦汉时期最具代表性的工艺品成就之一。

湖北省国有博物馆馆藏的彩绘陶部分藏品分布见表3.41。

表3.41　彩绘陶部分藏品分布

收藏单位	一般文物 （件/套）	未定级文物 （件/套）	总计 （件/套）
孝感市博物馆	3	—	3
荆州博物馆	—	9	9
总计（件/套）	3	9	12

第三节 秦汉时期至唐代陶瓷价值分析

一、秦汉时期至唐代陶瓷发展特点

（一）秦汉时期至唐代陶器发展特点

1.秦汉时期陶器发展特点

秦汉时期普通陶器相比夏商周时期有了进一步的发展，陶器的种类可分为灰陶和低温铅釉陶。

灰陶在秦汉时期比较常见，可分为两类：第一类为生活用具，如甑、釜、碗、瓮等，器表装饰绳纹、划纹等；第二类为明器，如谷仓、井、猪圈、楼阁、陶俑等。陶俑的制作反映了这一时期制陶工艺的较高水平，陶俑分为两类：一类为动物俑，有鸡、狗、猪、牛、马等造型；另一类为人物俑，包括男女侍俑、伎乐俑、将军俑、武士俑等。其中，最具代表性的陶俑当属秦始皇兵马俑。

低温铅釉陶是指以铅的化合物为基本助熔剂，以含铜和铁等元素的矿物为着色剂，在约700℃的温度下烧成的陶器。从出土的资料来看，低温铅釉陶多为随葬明器，主要包括日常生活用具、建筑模型、陶俑等类型明器。制作手法多样，有轮制、捏塑、堆塑等。

2.三国两晋南北朝时期陶器发展特点

三国两晋南北朝时期，低温铅釉陶烧造工艺继续发展，釉色由单色发展为多色，为唐三彩的出现奠定了基础。这一时期的陶俑分为人物俑和动物俑两大类，其中，人物俑包括文吏俑、武士俑、男女侍俑、骑马俑等，造型多样，生动逼真，有的在陶俑身上施白衣再彩绘；动物俑，较常见的造型有马俑和骆驼俑。陶器制作手法有捏塑和模制等。

3.隋唐时期陶器发展特点

隋唐时期的陶器以三彩器最具代表性。三彩器的种类可分为两大类：第一类是日常生活用具，如瓶、壶、砚、枕等；第二类是随葬明器，如人物俑、动物俑、家具、建筑模型等。唐三彩用高岭土（白色黏土）作胎，用含有铜、铁、钴、锰等元素的矿物作釉料的着色剂，在釉里加入大量炼铅熔渣和铅灰作助熔剂，经过约800 ℃烧成，釉色呈现深绿、浅绿、黄、翠绿、蓝、褐等多种色彩[1]。

唐代巩县窑烧造的三彩器胎质细腻，釉面晶莹光亮；种类丰富，有人物俑、动物俑等；装饰技法多样，通常以刻花、印花、贴花等技法在胎表做出宝相花、团花等花纹，然后在花纹上涂上或填充相应的彩釉[2]。

（二）秦汉时期至唐代瓷器发展特点

1.秦汉时期瓷器发展特点

目前发现的秦代原始瓷器较少，汉代较多，尤其以南方地区汉墓中最为常见。原始瓷器的原料含铁量较高，胎呈深灰色或灰褐色，釉面不光洁，有流釉现象。器型多为鼎、壶、盒、罐等，也有少数的家禽、家畜等造型的原始瓷塑。装饰技法有刻画、堆塑等。

西汉早期瓷器纹饰多为刻画弦纹、水波纹等；西汉晚期瓷器纹饰多为刻画云气纹、飞鸟纹、神兽纹等，与同时期的漆器图案十分相似。

原始瓷器经过商周至秦汉时期的发展，制作工艺逐渐精湛，至东汉出现了成熟瓷器。东汉的瓷器以青瓷为主，黑瓷较少。青瓷胎质细腻，胎呈灰色或灰白色，吸水率低，烧成温度在1060～1310 ℃；器表通体施釉，釉层有较强的光泽，

[1] 张昌倬.文物与考古基础知识[M].北京：高等教育出版社，2002：315.

[2] 杭州市文物考古所，临安市文物馆.浙江临安五代吴越国康陵发掘简报[J].文物，2000（2）：4-34.

泛淡青或黄色；装饰多见刻画或模印的弦纹、水波纹、斜方格纹、网格纹以及铺首纹等；器物种类多为日常生活用具，如盛储和饮食器具。黑瓷是由原始瓷器中的酱釉瓷发展而来的，胎呈深灰色或灰黑色，釉层不均匀，装饰比较少见，个别装饰有水波纹或弦纹，器型主要为盛储器具，如罐等。

2.三国两晋南北朝时期瓷器发展特点

东汉晚期出现的新兴制瓷业到三国两晋南北朝时期迅速成长。东起沿海的江苏、浙江、福建，西至长江中下游的江西、湖南、湖北及四川，北至黄河一带的河南、河北、山西、山东等地瓷窑迭出，这些瓷窑烧制出具有地方特色的各类陶瓷器，犹如百花吐艳，为我国陶瓷园地的扩大和发展打开了新的局面[1]。

三国两晋南北朝时期，我国北方地区战争频繁，社会动荡，经济发展相对滞后，制瓷手工业出现于北魏晚期，到东魏、北齐时期，瓷器烧造工艺达到了较高的水平。相较而言，这一时期我国南方地区制瓷业在东汉的基础上继续发展，其窑场规模不断扩大，瓷器烧造质量日益精良，并且对北方地区制瓷手工业产生了深远的影响。

（1）青釉瓷器

东吴时期青釉瓷器的器物种类较东汉时期增多，可分为两大类：第一类是日常生活用具，如罐、盆、洗、碗、钵等；第二类是随葬明器，如谷仓罐、鸡笼、猪圈、井、灶等。这一时期青釉瓷器胎色有浅灰、深灰、黑色等，釉色有青、深青、青黄、青褐色等；装饰技法有划花、压印花和贴花等；装饰纹样简单，日常生活用具上仅有水波纹、斜方格纹、铺首纹等。

西晋时期青釉瓷器生产发展较快，器型多有创新，如兽形樽、插器等；装饰技法有划花、刻花、压印花、贴花等；装饰纹样复杂化，有斜方格纹、菱形纹、联珠纹、忍冬纹等。这一时期浙江婺州窑窑工在青釉瓷器生产过程中发明了化妆

[1] 叶喆民.中国陶瓷史（增订版）[M].北京：生活·读书·新知三联书店，2011：99.

土工艺，即在器物成形、晾干之后，先在胎体表面施一层颜色较浅的化妆土，然后再施青釉。同时，施釉工艺有明显的进步，多采用蘸釉法施釉，釉层厚薄较均匀，釉面较光洁。

东吴和西晋时期创造性采用了彩绘和点彩技法。彩绘技法，通常以褐彩描绘花纹，主要有柿蒂、连弧、云气、仙草、异兽、人首鸟身等纹饰。点彩技法，是以毛笔将褐色彩点装饰在器物的盖面、口部、肩部等部位，彩点较大，多无规则[1]。

南朝时期青釉瓷器的发展进入了新的阶段，各地就地取材，烧造技术也有差别，所以不同地方青釉瓷器的胎和釉有所差异。长江中下游地区的青釉瓷器，胎以灰色为主，胎质较细；四川、福建、广西等地的青釉瓷器胎质较粗。装饰技法有刻花、划花、点彩、压印花等，彩绘技法少见或不见。常见纹饰有莲瓣纹、莲花纹等，还有少量缠枝忍冬纹等。这一时期新增了盏盘、托碗等实用器具，基本未见随葬明器。北方地区的青釉瓷器以生活实用器具为主，器型比较丰富，有盘口壶、罐、樽、碗、盘、杯等；胎色有浅灰、灰、深灰色等；釉层较南方地区厚，釉色有青、青灰、青泛黄、青黄、青褐色等；装饰技法有划花、刻花、雕花和贴花等；与佛教题材相关的纹饰较为盛行，如莲瓣纹、莲花纹、忍冬纹、连珠纹等，其他还有铺首纹、团龙纹、花朵纹和三角纹等。

（2）黑釉瓷器

魏晋南北朝时期，南方地区以浙江德清窑的黑釉瓷器影响较大，能代表当时瓷器生产的水平。黑釉瓷器胎呈深灰、紫灰色，釉层呈黑色或黑褐色；装饰简单，仅在肩部刻画几道弦纹；器物种类以生活用具为主，器型有罐、盘口壶、鸡首壶等，造型与南方地区同时期青釉瓷器相同或者相似。

魏晋南北朝时期，北方地区烧造的黑釉瓷器较少，胎质较细，釉多呈黑褐色，釉层厚薄均匀，光泽度好，器型有碗、罐等，造型与北方地区同时期青釉瓷器相同。

---

[1] 权奎山，孟原召.古代陶瓷[M].北京：文物出版社，2008.

（3）白釉瓷器

截至目前，北方地区出土的魏晋南北朝时期的白釉瓷器数量不多，有确切纪年的资料有二：一是1971年河南安阳范粹墓出土的白釉瓷器，总共十件，器型有三系罐、四系罐、壶、杯等，造型与北方地区同时期青釉瓷器相同，胎质较细，颜色较白净[1]；二是河北内丘邢窑遗址出土的白釉瓷器，器型有盘、杯等，胎质较粗，胎呈白灰色，施化妆土，釉呈灰白色，光泽度较好[2]。

（4）黄釉瓷器

黄釉瓷器多出土于北齐时期的墓葬中，器物种类以日常生活用具为主，器型有壶、盘、杯等；胎质细腻，胎多为灰白色；釉色有深浅之别，呈深黄色或浅黄色。

3.隋唐五代时期瓷器发展特点

隋朝时期，政治上的长期统一，促进了手工业的发展，制瓷业在三国两晋南北朝时期的基础上不断发展。北方地区在北朝晚期创烧的白釉瓷器在隋代发展迅速，烧造瓷窑增多，白釉瓷器产量提高，质量较好，逐渐成为北方地区的代表性产品；南方地区，从东汉晚期至南朝时期创建的瓷窑保持了良好的发展势头，在这一时期其发展进入兴盛期，产品仍以青釉瓷器为大宗，逐渐形成了"南青北白"的新格局。

1）隋唐五代时期，南方地区瓷窑仍以烧造青釉瓷器为主，具有代表性的瓷窑有越窑、婺州窑、岳州窑、洪州窑、寿州窑，这五个瓷窑与北方地区的鼎州窑一起被称为唐代六大青瓷名窑。

（1）越窑

唐代越窑生产的瓷器胎质细腻，釉层厚薄均匀，文献中有"如冰似玉"的记载。器物种类以生活用具为主，器型有碗、盘、壶、瓶、罐、耳杯等。器表有少

---

[1] 河南省博物馆.河南安阳北齐范粹墓发掘简报[J].文物，1972（1）：47-86.

[2] 内丘县文物保管所.河北省内丘县邢窑调查简报[J].文物，1987（9）：1-10.

量的装饰，装饰技法有划花、刻花、贴花等，纹样有莲瓣纹、双鱼纹、云鹤纹、鸟纹等。此外，越窑生产的瓷器制作精良，宋代以后的文献记载，因其专供进贡，庶民不得使用，古云"秘色"，故又被称为"秘色瓷"。其中，以陕西省扶风县法门寺塔基唐代地宫出土的越窑青瓷和浙江省临安市五代后晋天福四年（939年）吴越国康陵出土的越窑青瓷为代表[1][2]。

（2）婺州窑

隋代婺州窑生产的青釉瓷器，胎呈深灰、紫灰色，质地较粗，均施化妆土。釉色有青、青黄色，釉面光泽，釉层有剥落现象。器物种类主要为生活用具，装饰简单。

唐代婺州窑生产的青釉瓷器，胎有深灰、灰黄、灰黑等色，质地仍较粗，均施化妆土。釉色一般为青黄泛灰色、青泛黄色，釉层厚薄均匀，釉面光润，部分器物出现釉层剥落现象。器物多素面无装饰，器物种类以日常生活用具为主。这一时期，婺州窑创烧出乳浊釉瓷，并延续到宋、元时期，一直盛烧不衰。

五代时期婺州窑继续发展，这一时期婺州窑生产的有花纹装饰的器物增多，并将罐、执壶等器物的腹壁做成瓜棱状。

（3）岳州窑

隋代岳州窑生产的青釉瓷器，胎体一般较厚，胎呈浅灰、灰、深灰色。釉色以青和青泛黄为主，个别呈现酱褐色。器物种类以日常生活用具为主，器型有罐、碗、钵、鸡首壶、盘口壶等。这一时期器物流行花纹装饰，纹饰多样，有莲瓣纹、团花纹、忍冬纹等，装饰技法以划花和戳印为主。

[1] 陕西省考古研究院，法门寺博物馆，宝鸡市文物局，等.法门寺考古发掘报告：上册[M].北京：文物出版社，2007：220-226.

[2] 杭州市文物考古所，临安市文物馆.浙江临安五代吴越国康陵发掘简报[J].文物，2000（2）：4-34.

唐代岳州窑生产的青釉瓷器，胎体比前期轻薄，胎呈灰白色，釉色以青绿色为主，个别见青黄色，釉层玻璃质感强并且开细碎片纹，剥釉现象依然存在。器物种类以日常生活用具为主，器型有碗、盘、壶、瓶、罐等。同时还烧造随葬明器，如十二生肖俑、武士俑、男女侍俑以及仓、井、灶等。

（4）洪州窑

隋代洪州窑生产的青釉瓷器，胎呈灰色，有深浅之分，釉色一般为青色，个别青中泛黄。隋代开始很多器物就已使用化妆土，由于化妆土与釉面结合不牢，常有剥釉现象。器物种类以日常生活用具为主，也有少量的随葬明器。这一时期器物广泛使用模印装饰，盘心以及碗、钵等外壁印有多种花叶纹样，风格和造型同各地隋代青瓷大体相似[1]。

唐代洪州窑生产的青釉瓷器，胎呈深灰色，釉色一般为青泛黄或青泛褐，胎与釉的结合较好，剥釉现象少见。器物种类均为日常生活用具，其中杯的造型多样，并出现仿金银器形制的器物。这一时期洪州窑生产的有花纹装饰的器物所占比例减小，装饰技法有刻花、刬花和戳印等。

五代时期洪州窑开始衰落，生产的瓷器胎质较粗，一律不使用化妆土，釉色普遍较深。装饰技法和前代相同，纹样仅见竖线纹、团花纹等。

（5）寿州窑

寿州窑始烧于隋代，器物种类皆为日常生活用具，器型有碗、罐、盘、盏、高足盘等。胎土中含有少量的细砂粒，胎多呈灰色，釉色有青色、青泛黄色等，器表常见"泪痕"状流釉现象。器物上常装饰有花纹，装饰技法有划花、刻花和戳印等。

唐代早期是寿州窑的兴盛时期，这一时期寿州窑烧制的瓷器品种增多，除青釉瓷器之外，还烧制黄釉瓷器。黄釉瓷器一般胎体厚重，均施化妆土，釉色有深浅之别，在口沿上往往出现褐色。唐代晚期是寿州窑的衰落时期，这一时期寿州

---

[1]《中国古陶瓷图典》编辑委员会.中国古陶瓷图典[M].北京：文物出版社，1998：299.

窑除了继续烧造黄釉瓷器外，同时开始烧造黑釉瓷器。器物种类均为日常生活用具，并开始采用漏印花的装饰技法。即将预先做好的花纹图案贴在器物的坯体表面，施釉后将其揭取下来，这样贴在坯体上的花纹图案的纹样就漏印在瓷器上了[1]。

2）隋唐五代时期，北方地区瓷窑烧造的瓷器品种多样，有青釉瓷器、黑釉瓷器、白釉瓷器、黄釉瓷器等，其中以白釉瓷器的数量最多。这一时期北方地区具有代表性的瓷窑有邢窑、巩县窑、黄堡窑等。

（1）邢窑

邢窑在隋代进入发展期。这一时期邢窑除烧造白釉瓷器之外，还烧造黄釉瓷器、黑釉瓷器、青釉瓷器等。白釉瓷器的胎、釉白度较高；青釉瓷器的胎呈灰白色，釉多为青泛黄色。器物种类均为日常生活用具，造型规整，有花纹装饰的器物较少。

唐代是邢窑的兴盛时期。这一时期邢窑生产的白釉瓷器所占比例增大，器型以碗、盘、托子、瓶、壶等具有代表性，碗大多浅腹、敞口，碗身呈45°角外撇，口沿处往往凸起一道唇边，底为玉璧形，矮足。有的碗、盒等器物底部外侧刻有"盈"字款。

（2）巩县窑

巩县窑在隋代以烧造青釉瓷器为主，另有少量的白釉瓷器、黄釉瓷器。器物胎体厚重，釉层光泽度好，但不够均匀，常有流釉的现象。器物种类均为日常生活用具。

巩县窑在唐代进入发展期，这一时期以烧造白釉瓷器为主，胎中含杂质，多数器物釉色白中泛黄，少数精品胎釉洁白。器物类型丰富，除碗、壶、罐、盒、钵之外，还有人物、动物雕塑以及玩具等。

---

[1] 冯先铭.中国陶瓷（修订本）[M].上海：上海古籍出版社，2001：341.

（3）黄堡窑

黄堡窑始烧于唐代，烧造的瓷器品种有青釉瓷器、白釉瓷器、黑釉瓷器、黄釉瓷器、茶叶末釉瓷器、花釉瓷器、素地黑彩瓷器、白釉黑彩瓷器、白釉绿彩瓷器、青釉釉下白彩瓷器、黑釉剔花填白彩瓷器等，品种之丰富，在唐代瓷窑中首屈一指。黄堡窑烧制的瓷器，除日常生活用具之外，还有乐器、玩具、工具等。装饰技法有划花、印花、贴花、堆塑、绘画等。其中，绘画是以毛笔在白釉瓷器、青釉瓷器等器物上绘绿、褐等彩色花纹，素胎黑花瓷器则是在素胎上以黑釉绘出花纹。

二、秦汉时期至唐代重要陶瓷资源统计

（一）汉及三国两晋南北朝时期青釉、黄釉瓷器

这类瓷器主要由浙江越窑及周边窑口、湖北鄂城窑等所生产。在湖北省国有博物馆中，这一时期的青釉、黄釉瓷器以鄂州市博物馆的收藏最为突出。

鄂州古名武昌，为三国初年孙权称吴王时（221—228年）的王都，也是孙吴建国（229年）后的第一个都城。其后，孙权虽还都建业（今南京市），但"武昌"仍作为"西都"直迄吴国灭亡（280年）。后两晋、南北朝时期，"武昌"仍作为经济、军事重镇存在。正是由于这段时期的辉煌，鄂州境内留下了丰富的文化遗产，其中以铜镜与青瓷最为著名。

近60年来在鄂州境内发现的汉及三国两晋南北朝时期的墓葬数千座，已发掘700余座，现藏于鄂州市博物馆的这一时期的青瓷多达3600余件，是湖北省收藏青瓷数量最多的博物馆。那么它们的产地在哪里呢？

通过历年来的考古发现可知，当时湖北的青瓷生产主要集中在鄂州境内。

1979年3月，鄂城县博物馆（现鄂州市博物馆）对鄂城县（鄂州市旧称）新庙瓦窑咀窑遗址做了调查，发现窑炉痕迹三处，窑炉大小不一，但均呈圆形。在遗

址采集到的器物既有陶，又有瓷，陶器有罐、钵、缸、盆、筒瓦、板瓦等，瓷器有青釉瓷碗，窑具有匣钵。从采集器物的特点上可以判断，窑址所处时代为东汉晚期至三国早期。

1984年，鄂州市博物馆对1974—1983年间发现的九处古窑址进行了复查，在调查报告中详细介绍了王仓屋、螃蟹山、杨家山、熊泗林、南窑咀五处窑址的调查情况。根据遗址所采集到的器物可以判断，熊泗林和南窑咀两处窑址所处时代为南朝后期至中唐前后，王仓屋窑址所处时代为中唐后期至五代时期，螃蟹山窑址所处时代为唐代至宋代，杨家山窑址所处时代为宋代。

一个瓷窑的设立，必须具备三个自然条件：一是必须有烧制瓷器的瓷土，二是必须有便利的水路、陆路运输条件，三是必须具备可供烧造的松树木材。以鄂州市区的新庙瓦窑咀窑遗址为例，在瓦窑咀窑遗址周围有取之不尽的瓷土资源，南面有大片的松树林，而该遗址就在鄂州有名的洋澜湖畔。洋澜湖北通长江，西离古武昌城仅数里之遥，便利的自然条件，使瓦窑咀窑成为三国时期武昌（今鄂州）烧制青瓷的处女窑。

据鄂州市博物馆专家介绍，该馆所藏青釉瓷器只有约10%来自长江下游地区的瓷窑（如越窑、瓯窑等），而其余的90%左右应为古武昌地区自产或长江中游毗邻各窑口（如岳州窑等）生产的产品。粗略的区分方法是，釉面光洁莹亮的瓷器是前者生产的，釉面脱落严重的瓷器是后者生产的。这种区分方法可能还需要更科学、更深入的调整和细化。

湖北省国有博物馆馆藏的汉及三国两晋南北朝时期青釉瓷器部分藏品分布见表3.42，汉代、三国时期、晋代黄釉瓷器部分藏品分布分别见表3.43至表3.45。

表3.42　汉及三国两晋南北朝时期青釉瓷器部分藏品分布

收藏单位	一级文物（件/套）	二级文物（件/套）	三级文物（件/套）	一般文物（件/套）	未定级文物（件/套）	总计（件/套）
湖北省博物馆	1	21	211	197	21	451
武汉博物馆	1	15	101	—	16	133
湖北大学	—	—	—	3	6	9

续表3.42

收藏单位	一级文物（件/套）	二级文物（件/套）	三级文物（件/套）	一般文物（件/套）	未定级文物（件/套）	总计（件/套）
华中师范大学	—	—	—	2	—	2
武汉市蔡甸区博物馆	—	—	—	—	1	1
武汉市江夏区博物馆	—	—	1	—	—	1
武汉市黄陂区博物馆	—	—	1	—	—	1
大冶市博物馆	—	—	1	—	1	2
十堰市博物馆	—	1	—	—	—	1
十堰市郧阳博物馆	—	—	5	—	9	14
竹山县博物馆	—	—	1	—	3	4
丹江口市博物馆	—	—	—	—	22	22
宜昌博物馆	—	—	—	—	44	44
秭归县屈原纪念馆	—	—	1	—	111	112
宜都市博物馆	—	—	—	1	7	8
枝江市博物馆	—	—	1	—	—	1
襄阳市博物馆	—	2	3	—	13	18
南漳县博物馆	—	—	—	—	8	8
谷城县博物馆	—	—	1	—	19	20
老河口市博物馆	—	—	1	—	1	2
宜城市博物馆	—	—	1	—	—	1
鄂州市博物馆	—	—	—	—	2	2
荆门市博物馆	—	—	—	—	4	4
钟祥市博物馆	—	—	1	—	—	1
张居正纪念馆	—	—	—	—	1	1
荆州博物馆	—	1	9	8	26	44
公安县博物馆	—	2	2	—	—	4
洪湖革命历史博物馆	—	—	1	—	—	1
松滋市博物馆	—	1	3	—	—	4

续表3.42

收藏单位	一级文物 （件/套）	二级文物 （件/套）	三级文物 （件/套）	一般文物 （件/套）	未定级文物 （件/套）	总计 （件/套）
罗田县博物馆	—	—	1	—	2	3
黄梅县博物馆	—	—	—	—	62	62
武穴市博物馆	—	—	—	—	1	1
咸宁市咸安区博物馆	—	—	—	1	—	1
嘉鱼县博物馆	—	1	1	6	—	8
通城县博物馆	—	—	—	6	—	6
崇阳县博物馆	—	—	—	5	—	5
通山县博物馆	—	—	—	—	2	2
赤壁市博物馆	—	—	—	49	—	49
随州市博物馆	—	—	—	—	3	3
仙桃市博物馆	—	—	2	18	—	20
潜江市博物馆	—	—	—	2	—	2
天门市博物馆	—	—	3	—	—	3
总计（件/套）	2	44	352	298	385	1081

表3.43　汉代黄釉瓷器部分藏品分布

收藏单位	二级文物 （件/套）	三级文物 （件/套）	一般文物 （件/套）	未定级文物 （件/套）	总计 （件/套）
湖北省博物馆	—	—	—	2	2
武汉博物馆	—	3	—	—	3
十堰市郧阳博物馆	—	—	—	8	8
郧西县博物馆	—	—	—	1	1
丹江口市博物馆	—	1	—	2	3
襄阳市博物馆	5	6	6	42	59
谷城县博物馆	—	—	—	1	1
宜城市博物馆	1	7	—	3	11

续表3.43

收藏单位	二级文物 （件/套）	三级文物 （件/套）	一般文物 （件/套）	未定级文物 （件/套）	总计 （件/套）
洪湖革命历史博物馆	—	2	—	—	2
武穴市博物馆	—	—	—	4	4
赤壁市博物馆	1	—	—	—	1
总计（件/套）	7	19	6	63	95

表3.44 三国时期黄釉瓷器部分藏品分布

收藏单位	一般文物 （件/套）	未定级文物 （件/套）	总计 （件/套）
襄阳市博物馆	—	2	2
公安县博物馆	—	1	1
赤壁市博物馆	14	—	14
总计（件/套）	14	3	17

表3.45 晋代黄釉瓷器部分藏品分布

收藏单位	三级文物 （件/套）	一般文物 （件/套）	未定级文物 （件/套）	总计 （件/套）
湖北省博物馆	—	1	—	1
武汉博物馆	1	—	—	1
大冶市博物馆	2	—	—	2
丹江口市博物馆	—	—	2	2
宜昌博物馆	—	—	1	1
宜城市博物馆	2	—	—	2
洪湖革命历史博物馆	—	—	3	3
蕲春县博物馆	—	—	2	2
赤壁市博物馆	—	1	—	1
总计（件/套）	5	2	8	15

（二）隋唐时期青釉、黄釉瓷器

这类瓷器包括浙江越窑及周边窑口、江西洪州窑、安徽寿州窑、湖南岳州窑等窑制品。湖北省国有博物馆馆藏的隋唐时期青釉、黄釉瓷器部分藏品分布见表3.46，其中，隋唐时期岳州窑青釉、黄釉瓷器部分藏品分布见表3.47。

表3.46　隋唐时期青釉、黄釉瓷器部分藏品分布

收藏单位	二级文物（件/套）	三级文物（件/套）	一般文物（件/套）	未定级文物（件/套）	总计（件/套）
湖北省博物馆	30	327	265	22	644
武汉博物馆	21	87	—	11	119
湖北大学	—	—	5	7	12
华中师范大学	—	—	2	2	4
武汉市蔡甸区博物馆	—	—	—	1	1
武汉市黄陂区博物馆	—	1	—	—	1
大冶市博物馆	—	1	—	—	1
十堰市博物馆	2	—	—	—	2
十堰市郧阳博物馆	—	5	—	5	14
竹山县博物馆	—	1	—	2	3
丹江口市博物馆	—	—	—	20	20
宜昌博物馆	—	—	—	8	8
秭归县屈原纪念馆	—	—	—	15	15
枝江市博物馆	—	1	—	—	1
襄阳市博物馆	1	2	—	12	15
南漳县博物馆	—	—	—	1	1
谷城县博物馆	—	2	—	27	29
老河口市博物馆	—	1	—	1	2
宜城市博物馆	—	15	—	19	34
鄂州市博物馆	—	—	—	2	2

续表3.46

收藏单位	二级文物（件/套）	三级文物（件/套）	一般文物（件/套）	未定级文物（件/套）	总计（件/套）
荆门市博物馆	—	—	—	4	4
荆州博物馆	1	8	8	6	23
公安县博物馆	—	6	—	—	6
松滋市博物馆	1	—	—	—	1
黄冈市博物馆	—	1	—	—	1
罗田县博物馆	—	—	—	2	2
黄梅县博物馆	—	—	—	51	51
武穴市博物馆	—	—	—	1	1
咸宁市咸安区博物馆	—	—	1	—	1
嘉鱼县博物馆	1	1	2	—	4
崇阳县博物馆	—	—	2	—	2
通山县博物馆	—	—	—	1	1
赤壁市博物馆	—	—	1	—	1
随州市博物馆	—	—	—	3	3
仙桃市博物馆	1	8	17	—	26
潜江市博物馆	—	—	2	—	2
天门市博物馆	—	3	—	—	3
总计（件/套）	58	470	305	227	1060

表3.47　隋唐时期岳州窑青釉、黄釉瓷器部分藏品分布

收藏单位	三级文物（件/套）	未定级文物（件/套）	总计（件/套）
湖北省博物馆	1	1	2
黄冈市博物馆	5	1	6
总计（件/套）	6	2	8

（三）隋唐时期白釉瓷器

这类白釉瓷器包括河北邢窑、湖北湖泗窑等窑制品。湖北省国有博物馆馆藏的隋唐时期邢窑白釉瓷器部分藏品分布见表3.48。

表3.48　隋唐时期邢窑白釉瓷器部分藏品分布

收藏单位	三级文物（件/套）	总计（件/套）
湖北省博物馆	2	2

（四）唐代长沙窑瓷器

湖北省国有博物馆馆藏的唐代长沙窑瓷器部分藏品分布见表3.49。

表3.49　唐代长沙窑瓷器部分藏品分布

收藏单位	一级文物（件/套）	二级文物（件/套）	三级文物（件/套）	一般文物（件/套）	未定级文物（件/套）	总计（件/套）
湖北省博物馆	—	2	16	5	1	24
武汉博物馆	—	—	11	—	2	13
长江文明馆	—	—	—	—	9	9
武汉市新洲区文物管理所（武汉市新洲区博物馆）	—	—	—	—	1	1
宜昌博物馆	—	—	—	—	1	1
襄阳市博物馆	1	2	—	—	—	3
南漳县博物馆	—	—	—	—	1	1
老河口市博物馆	—	1	1	—	1	3
鄂州市博物馆	—	1	—	—	1	2
京山市博物馆	—	—	1	—	—	1
通城县博物馆	—	—	—	1	—	1
崇阳县博物馆	1	—	—	—	—	1

续表3.49

收藏单位	一级文物 （件/套）	二级文物 （件/套）	三级文物 （件/套）	一般文物 （件/套）	未定级文物 （件/套）	总计 （件/套）
巴东县博物馆	—	—	—	—	1	1
潜江市博物馆	—	—	1	—	—	1
总计（件/套）	2	6	30	6	18	62

（五）唐三彩陶器

这类陶器包括河南巩县窑、陕西耀州窑、四川邛崃窑等窑制品。湖北省国有博物馆馆藏的唐三彩陶器部分藏品分布见表3.50，其中，唐代邛崃窑陶器部分藏品分布见表3.51。

表3.50 唐三彩陶器部分藏品分布

收藏单位	一级文物 （件/套）	二级文物 （件/套）	三级文物 （件/套）	一般文物 （件/套）	未定级文物 （件/套）	总计 （件/套）
湖北省博物馆	—	1	21	8	4	34
武汉博物馆	—	2	10	—	9	21
湖北大学	—	—	1	—	—	1
十堰市郧阳博物馆	1	1	2	—	1	5
房县博物馆	—	—	1	—	—	1
丹江口市博物馆	—	—	—	—	1	1
长阳土家族自治县博物馆	—	—	—	—	1	1
枝江市博物馆	—	—	—	—	1	1
襄阳市博物馆	—	1	1	—	2	4
枣阳市博物馆	—	—	—	—	1	1
鄂州市博物馆	—	1	3	—	—	4
应城市博物馆	—	—	—	1	—	1
荆州博物馆	—	—	1	—	1	2
石首市博物馆	—	—	1	—	—	1

续表3.50

收藏单位	一级文物 （件/套）	二级文物 （件/套）	三级文物 （件/套）	一般文物 （件/套）	未定级文物 （件/套）	总计 （件/套）
巴东县博物馆	—	—	—	—	4	4
总计（件/套）	1	6	41	9	25	82

表3.51　唐代邛崃窑陶器部分藏品分布

收藏单位	三级文物 （件/套）	总计 （件/套）
武汉博物馆	1	1

（六）唐代绞胎瓷器

湖北省国有博物馆馆藏的唐代绞胎瓷器部分藏品分布见表3.52。

表3.52　唐代绞胎瓷器部分藏品分布

收藏单位	一级文物 （件/套）	二级文物 （件/套）	三级文物 （件/套）	未定级文物 （件/套）	总计 （件/套）
湖北省博物馆	—	—	1	—	1
武汉博物馆	—	—	1	—	1
枝江市博物馆	—	—	—	2	2
宜城市博物馆	—	—	—	1	1
黄梅县博物馆	1	—	—	—	1
麻城市革命博物馆	—	1	—	—	1
总计（件/套）	1	1	2	3	7

（七）与皇室有关的器物

（1）唐太宗李世民第三子吴王李恪之妃杨氏墓位于安陆市，该墓于1979年4月被发现，1980年1月进行抢救性发掘。根据墓志的铭文"大唐吴国妃杨氏之志"，查《旧唐书·列传第二十六·太宗诸子》："吴王恪，太宗第三子也。"
"十二年，累授安州都督。"等记载可知，吴国妃杨氏当为吴王李恪之妃，应是
吴王李恪在安州（今安陆）任职期间，吴国妃杨氏死后埋葬于此。该墓出土的瓷
器有唐六系盘口瓶等，现藏于安陆市博物馆。

　　（2）唐太宗李世民第四子濮王李泰墓、李泰之妃阎婉墓、李泰长子李欣墓、
李泰次子李徽墓，均位于十堰市郧县城关镇郧阳卷烟厂内。这是唐代京畿之外仅
此一例的皇室成员家族墓地，出土有彩绘壁画、金属器、三彩器、彩陶俑及墓志
等，其中三彩器及彩陶俑尤为精美。如1975年湖北郧县李泰墓出土的唐彩陶骑
马仪仗俑（两组），现湖北省博物馆、十堰市博物馆各藏有一组；
1985年湖北郧县李徽墓出土的唐三彩龙首杯、李泰家族墓地出土的
唐三彩龙首衔莲杯，现藏于郧阳博物馆。

第四节　宋代陶瓷价值分析

一、宋代陶瓷发展特点

（一）宋代陶器发展特点

　　唐代后期，频繁的战乱和社会变迁，导致曾经盛行的三彩釉陶器的烧制一度
中断。到了宋代，北方地区，诸如河南登封窑、鲁山窑、宝丰窑等窑烧制带有宋
瓷风格的三彩釉陶器，大多为瓶、枕、盘等日常生活用具；南方地区，诸如四川
成都、广元、雅安等地窑场也烧制三彩釉陶器，佴大多为人物俑、动物俑等类型
明器。

（二）宋代瓷器发展特点

1.宋代六大瓷窑体系

宋代是我国瓷器发展史上的兴盛时期，在这一时期形成了六大瓷窑体系，即北方的定窑系、磁州窑系、钧窑系、耀州窑系，以及南方的景德镇窑系和龙泉窑系。

（1）定窑系

定窑系是北方重要的瓷窑体系，主要窑口有河北曲阳涧磁村定窑，山西平定窑、阳城窑、介休窑、霍窑，四川彭县窑等。其中，河北曲阳涧磁村定窑生产的产品质量最高、最具代表性。北宋时期是定窑系发展的鼎盛阶段，这一时期定窑系生产的瓷器，胎体轻薄、质地细腻，釉面莹润光洁。此时定窑系以烧制白釉瓷器为主，同时兼烧黑釉瓷器、酱釉瓷器、绿釉瓷器以及白釉剔花瓷器。器物种类仍以日常生活用具为主，也有少量的玩具和供器。装饰技法主要有刻花、划花、印花等，另外还有少量的浮雕、金彩描花等。纹饰题材有花卉、禽鸟及人物（包括婴戏图）等。器物底部外侧多出现题款，题款内容多与宫廷有关，如"官""新官"[1]以及"尚食局"[2]"尚药局"等，有的与宫殿名称相关，如"奉华""慈福""聚秀"等。

（2）磁州窑系

磁州窑系是我国北方最大的民窑体系，主要窑口有河北磁县观台磁州窑，河南鹤壁窑、禹县扒村窑、修武县当阳峪窑、登封窑，江西吉州窑等，其中以观台磁州窑最具代表性。磁州窑系以烧制白釉瓷器、黑釉瓷器为主，其中观台磁州窑以烧制白釉划花瓷器、白釉釉上绿斑瓷器、白釉釉上褐斑瓷器以及白釉釉下黑褐彩瓷器、珍珠地划花瓷器等多种彩瓷见长。除此之外，还烧制红绿彩盒三彩器。器物种类以日常生活用具为主，还有少量的玩具和随葬明器。装饰技法有剔花、

---

[1] 权奎山.关于唐宋瓷器上的"官"和"新官"字款问题[C]//中国古陶瓷研究会.中国古陶瓷研究（第五辑）.北京：紫禁城出版社，1999：227–335.

[2] 刘淼.对"尚食局"铭定瓷的一点思考[J].文物天地，2006（1）：73–74.

印花、刻花等。纹饰题材多为花卉、蝶、龙凤、卷枝、人物等。

（3）钧窑系

以河南禹县为中心的宋代钧窑系属北方瓷窑体系，以烧造青釉瓷器为主，同时兼烧黑釉瓷器、白釉瓷器。由于釉中含有微量的氧化铜，钧窑系创造性地烧出了紫红色釉，这是宋代瓷器发展史上的一个突破。器物种类包括日常生活用具和陈设用具，造型端庄稳重。器物胎色呈白褐色、灰白色，质地细腻。

（4）耀州窑系

耀州窑系是我国北方著名的青釉瓷窑系，主要窑口有陕西铜川耀州窑，河南临汝窑、宜阳窑、宝丰窑、新安城关窑等。宋代耀州窑系以烧造青釉瓷器为主，形成了独特的耀州窑系风格，同时兼烧黑釉瓷器、白釉瓷器、酱釉瓷器。器物种类均为日常生活用具，器型有碗、盏、碟、洗、杯、托、注子等。目前出土的器物，以碗的数量最多，尤其是形似"斗笠"状的敞口、斜直腹碗最具特色。装饰技法以刻花、印花最具特色，刻花刀法娴熟、线条流畅、构图完整，其工艺水平在其他同类窑口之上。除刻花、印花外，还有划花、镂雕、贴塑等装饰技法。装饰纹样有缠枝莲纹、菊花纹、牡丹花纹等。

（5）景德镇窑系

景德镇窑系是以江西景德镇窑为代表，烧制青白瓷的瓷窑体系，主要窑口除了景德镇窑，还有江西南丰白舍窑、吉安永和镇窑，以及安徽繁昌窑等。青白瓷釉色青中显白，白中泛青，又称"影青瓷"。北宋时期景德镇窑以烧造青白釉瓷器为主，兼烧少量黑釉瓷器。器物种类以日常生活用具为主，特别是碗和盏类器物最具代表性。装饰技法有划花、刻花、篦划、篦点等。装饰题材多样，主要有花卉、蕉叶、凤鸟、游鱼、人物等，布局严谨、线条流畅。南宋时期景德镇窑仍以烧制青白釉瓷器为主，器物种类主要为日常生活用具，装饰流行印花，纹饰多为花鸟纹。

（6）龙泉窑系

北宋时期，龙泉窑系青瓷窑场主要分布在浙江龙泉瓯江两岸，南宋至元代窑场范围扩大到江西、福建等地。龙泉窑系烧制的瓷器，釉色有粉青、梅子青，釉层光洁有玉质感，可与翡翠相媲美。

北宋时期龙泉窑系已初具规模，器物种类以日常生活用具为主，器型有碗、碟、盘等，装饰技法以刻花、划花为主，装饰纹饰有菊花纹、团花纹、缠枝牡丹纹、水波纹、云纹等，线条流畅。

南宋时期为龙泉窑系的发展时期，这一时期龙泉窑系形成了独特的风格，工艺有了较大的改进，器物种类丰富，除了日常生活用具之外，还有文具以及供器等。装饰技法仍以刻花、划花为主，技法更加娴熟，构图生动逼真，纹饰有花卉纹、凤鸟纹、水波纹、云气纹、鱼纹等。这一时期由于熟练地掌握了胎釉配方与多次上釉技术，并能控制烧制气氛，龙泉窑系成功烧制出了粉青和梅子青釉，釉色纯正，达到了青釉史上的最高水平。此外，南宋时期的瓷胎有黑胎和白胎之分，其中白胎占大多数，是龙泉窑系青瓷的代表，胎质细腻致密，足底露胎处呈赭红色；黑胎量少，釉面多开片，部分器物口沿露出紫色，圈足底呈铁色，为仿南宋官窑的制品。

2.宋代汝窑、建窑

（1）汝窑

汝窑是宋代五大名窑之一，北宋晚期曾为宫廷烧造御用瓷器，所以又称之为"汝官窑"。汝窑烧造的瓷器均为青釉瓷器，器物种类主要有日常生活用具、文房用具和供器等。目前出土的汝窑瓷器，以盘、洗数量最多，其中三足盘是较为独特的器型。由于汝窑烧造时间较短，制品较少，南宋文献就有"近尤难得"的记载。汝窑瓷器胎质细腻，胎呈香灰色，修坯精细；釉色具有独特的风格，基本色调为天青色，釉面柔润。汝窑瓷器追求釉色之美，釉面一般无装饰，仅有细小开片。

（2）建窑

建窑是宋代著名黑瓷产地之一，以烧造黑釉茶盏著称。建窑黑瓷胎较厚，质地较粗，多呈黑灰色或深灰色。黑釉的色调复杂，有漆黑、蓝黑、酱油色等，釉面光亮，一般有流釉现象。建窑利用黑瓷釉中所含氧化金属的呈色原理，通过控制窑温烧出了富有变化的结晶釉和窑变花釉，呈现出的纹样有油滴状纹、玳瑁纹等。在黑釉上烧出闪耀银光细如兔毛的结晶釉，成为建窑最富特色的产品。同时还会在黑釉上用刻花、划花、剔花、印花等技法进行装饰，达到更美的艺术效果[1]。建窑的兴起与宋代上层社会斗茶、饮茶之风有直接关系，斗茶时将半发酵的膏饼碾成细末放在茶盏内，再倒入初沸的开水中，水面就会浮起一层白沫，而用黑盏盛茶便于观察茶沫色。宋徽宗赵佶所著《大观茶论》"盏"中亦有相关记载。

二、宋代重要陶瓷资源统计

（一）宋代青釉瓷器

这类瓷器包括浙江龙泉窑、陕西耀州窑等窑制品。湖北省国有博物馆馆藏的宋代龙泉窑青釉瓷器部分藏品分布见表3.53，宋代耀州窑青釉瓷器部分藏品分布见表3.54。

表3.53　宋代龙泉窑青釉瓷器部分藏品分布

收藏单位	二级文物（件/套）	三级文物（件/套）	一般文物（件/套）	未定级文物（件/套）	总计（件/套）
湖北省博物馆	1	15	25	3	44
武汉博物馆	2	176	—	53	231
湖北大学	—	—	5	9	14
武汉市蔡甸区博物馆	—	1	—	1	2
湖北明代藩王博物馆	42	1134	260	—	1436
武汉市新洲区文物管理所（武汉市新洲区博物馆）	—	1	—	2	3
阳新县博物馆	—	—	—	5	5

[1] 冯先铭.中国陶瓷（修订本）[M].上海：上海古籍出版社，2001：419.

续表3.53

收藏单位	二级文物（件/套）	三级文物（件/套）	一般文物（件/套）	未定级文物（件/套）	总计（件/套）
大冶市博物馆	—	—	—	4	4
十堰市郧阳博物馆	—	—	—	9	9
房县博物馆	—	1	—	—	1
丹江口市博物馆	—	—	—	3	3
宜昌博物馆	—	—	—	46	46
远安县博物馆	—	—	—	6	6
秭归县屈原纪念馆	—	—	—	4	4
宜都市博物馆	—	—	—	4	4
枝江市博物馆	—	1	—	—	1
襄阳市博物馆	—	6	—	6	12
谷城县博物馆	—	—	—	1	1
宜城市博物馆	—	—	—	4	4
鄂州市博物馆	—	—	—	16	16
荆门市博物馆	—	—	—	17	17
应城市博物馆	—	—	—	2	2
张居正纪念馆	—	—	—	4	4
荆州市荆州区博物馆	—	—	—	1	1
荆州博物馆	—	18	7	9	34
公安县博物馆	2	8	—	1	11
石首市博物馆	—	—	—	24	24
洪湖革命历史博物馆	—	1	—	1	2
松滋市博物馆	—	11	—	1	12
黄冈市黄州区博物馆（李四光纪念馆）	—	2	—	3	5
罗田县博物馆	—	3	—	18	21
英山县博物馆	—	—	3	—	3
浠水县博物馆	1	—	—	3	4

续表3.53

收藏单位	二级文物（件/套）	三级文物（件/套）	一般文物（件/套）	未定级文物（件/套）	总计（件/套）
蕲春县博物馆	—	—	—	5	5
黄梅县博物馆	1	—	—	34	35
麻城市革命博物馆	—	—	—	3	3
武穴市博物馆	—	—	—	39	39
咸宁市咸安区博物馆	—	—	2	—	2
咸宁市博物馆	—	—	3	—	3
通城县博物馆	—	—	3	—	3
崇阳县博物馆	—	—	2	—	2
赤壁市博物馆	—	—	2	—	2
随州市博物馆	—	—	—	6	6
建始县文物管理局（建始县博物馆）	—	1	—	1	2
仙桃市博物馆	—	1	21	—	22
潜江市博物馆	—	—	1	—	1
天门市博物馆	—	2	3	—	5
总计（件/套）	49	1382	337	348	2116

表3.54　宋代耀州窑青釉瓷器部分藏品分布

收藏单位	二级文物（件/套）	三级文物（件/套）	一般文物（件/套）	未定级文物（件/套）	总计（件/套）
湖北省博物馆	1	—	—	—	1
武汉博物馆	1	8	—	3	12
武汉市蔡甸区博物馆	1	—	—	—	1
枝江市博物馆	—	—	—	13	13
襄阳市博物馆	—	—	—	2	2
张居正纪念馆	—	—	—	1	1
罗田县博物馆	1	—	—	—	1
英山县博物馆	3	1	1	—	5

续表3.54

收藏单位	二级文物 （件/套）	三级文物 （件/套）	一般文物 （件/套）	未定级文物 （件/套）	总计 （件/套）
武穴市博物馆	—	1	—	—	1
通山县博物馆	1	—	—	—	1
总计（件/套）	8	10	1	19	38

（二）宋代汝窑瓷器

　　湖北省国有博物馆馆藏的宋代汝窑瓷器部分藏品分布见表3.55。

表3.55　宋代汝窑瓷器部分藏品分布

收藏单位	三级文物 （件/套）	未定级文物 （件/套）	总计 （件/套）
武汉博物馆	1	2	3

（三）宋代临汝窑瓷器

　　湖北省国有博物馆馆藏的宋代临汝窑瓷器部分藏品分布见表3.56。

表3.56　宋代临汝窑瓷器部分藏品分布

收藏单位	三级文物 （件/套）	总计 （件/套）
武汉博物馆	10	10

（四）宋代定窑瓷器

　　湖北省国有博物馆馆藏的宋代定窑瓷器部分藏品分布见表3.57。

表3.57　宋代定窑瓷器部分藏品分布

收藏单位	二级文物（件/套）	三级文物（件/套）	一般文物（件/套）	未定级文物（件/套）	总计（件/套）
湖北省博物馆	—	—	1	—	1
武汉博物馆	—	1	—	—	1
枝江市博物馆	3	—	—	3	6
襄阳市博物馆	1	—	—	—	1
黄冈市博物馆	—	1	—	—	1
总计（件/套）	4	2	1	3	10

（五）宋代钧窑瓷器

湖北省国有博物馆馆藏的宋代钧窑瓷器部分藏品分布见表3.58。

表3.58　宋代钧窑瓷器部分藏品分布

收藏单位	二级文物（件/套）	三级文物（件/套）	一般文物（件/套）	未定级文物（件/套）	总计（件/套）
湖北省博物馆	—	1	1	1	3
武汉博物馆	8	7	—	1	16
襄阳市博物馆	—	—	1	—	1
钟祥市博物馆	—	—	—	1	1
总计（件/套）	8	8	2	3	21

（六）宋代哥窑瓷器

湖北省国有博物馆馆藏的宋代哥窑瓷器部分藏品分布见表3.59。

表3.59　宋代哥窑瓷器部分藏品分布

收藏单位	二级文物（件/套）	三级文物（件/套）	总计（件/套）
武汉博物馆	—	1	1
华中师范大学	1	—	1
洪湖革命历史博物馆	—	2	2
浠水县博物馆	—	1	1
总计（件/套）	1	4	5

（七）宋代吉州窑瓷器

湖北省国有博物馆馆藏的宋代吉州窑瓷器部分藏品分布见表3.60。

表3.60　宋代吉州窑瓷器部分藏品分布

收藏单位	一级文物（件/套）	二级文物（件/套）	三级文物（件/套）	一般文物（件/套）	未定级文物（件/套）	总计（件/套）
武汉博物馆	—	2	28	—	2	32
湖北大学	—	—	—	1	2	3
兴山县文物事业管理局	—	—	—	—	1	1
枝江市博物馆	—	—	1	—	23	24
钟祥市博物馆	—	—	1	—	—	1
张居正纪念馆	—	—	—	—	1	1
荆州博物馆	1	—	—	—	—	1
蕲春县博物馆	—	—	3	—	7	10
武穴市博物馆	—	—	—	—	2	2
总计（件/套）	1	2	33	1	38	75

（八）宋代青白釉瓷器

这类瓷器包括江西湖田窑、安徽繁昌窑、湖北武昌窑等窑制品。湖北省国有博物馆馆藏的宋代青白釉瓷器部分藏品分布见表3.61。

表3.61 宋代青白釉瓷器部分藏品分布

收藏单位	一级文物（件/套）	二级文物（件/套）	三级文物（件/套）	一般文物（件/套）	未定级文物（件/套）	总计（件/套）
湖北省博物馆	4	—	15	8	—	27
武汉博物馆	1	6	55	—	4	66
华中师范大学	—	—	1	—	—	1
武汉市蔡甸区博物馆	—	—	—	—	2	2
武汉市黄陂区博物馆	—	1	3	—	—	4
湖北明代藩王博物馆	—	3	7	12	—	22
大冶市博物馆	—	—	3	—	8	11
宜昌博物馆	—	2	15	—	60	77
秭归县屈原纪念馆	—	—	—	—	7	7
枝江市博物馆	—	—	1	—	1	2
襄阳市博物馆	—	—	5	24	69	98
南漳县博物馆	—	—	—	—	1	1
谷城县博物馆	—	—	1	—	—	1
宜城市博物馆	—	—	—	—	3	3
鄂州市博物馆	—	—	—	—	14	14
荆门市博物馆	—	—	1	—	—	1
荆州博物馆	—	—	1	4	1	6
洪湖革命历史博物馆	—	—	—	—	6	6
黄冈市黄州区博物馆（李四光纪念馆）	—	—	1	—	—	1
红安县博物馆	—	1	2	—	17	20
罗田县博物馆	—	—	6	—	7	13
英山博物馆	2	1	15	12	—	30
浠水县博物馆	1	—	5	—	8	14
蕲春县博物馆	—	—	2	—	—	2
黄梅县博物馆	—	2	1	—	106	109

续表3.61

收藏单位	一级文物 （件/套）	二级文物 （件/套）	三级文物 （件/套）	一般文物 （件/套）	未定级文物 （件/套）	总计 （件/套）
麻城市革命博物馆	—	—	—	—	1	1
武穴市博物馆	—	—	3	—	31	34
崇阳县博物馆	—	—	—	2	—	2
通山县博物馆	—	—	1	—	1	2
赤壁市博物馆	—	—	—	1	—	1
天门市博物馆	—	1	—	—	—	1
总计（件/套）	8	17	144	63	347	579

（九）宋代黑釉瓷器

这类瓷器包括福建建窑、江西吉州窑、山西介休窑等窑制品。湖北省国有博物馆馆藏的宋代黑釉瓷器部分藏品分布见表3.62。

表3.62　宋代黑釉瓷器部分藏品分布

收藏单位	二级文物 （件/套）	三级文物 （件/套）	一般文物 （件/套）	未定级文物 （件/套）	总计 （件/套）
湖北省博物馆	—	1	1	—	2
武汉博物馆	2	8	—	—	10
阳新县博物馆	—	—	—	1	1
大冶市博物馆	—	1	—	—	1
丹江口市博物馆	—	—	—	1	1
宜昌博物馆	—	—	—	14	14
秭归县屈原纪念馆	—	—	—	2	2
襄阳市博物馆	—	1	6	34	41
谷城县博物馆	—	—	—	1	1
宜城市博物馆	—	—	—	5	5
鄂州市博物馆	—	5	—	2	7
荆门市博物馆	—	—	—	1	1

续表3.62

收藏单位	二级文物（件/套）	三级文物（件/套）	一般文物（件/套）	未定级文物（件/套）	总计（件/套）
应城市博物馆	—	—	—	1	1
安陆市博物馆	—	1	—	3	4
汉川市博物馆	—	—	—	2	2
荆州博物馆	—	1	1	—	2
石首市博物馆	—	3	—	1	4
洪湖革命历史博物馆	—	1	—	2	3
黄冈市博物馆	—	—	—	1	1
罗田县博物馆	—	—	—	2	2
英山县博物馆	—	—	1	—	1
浠水县博物馆	—	1	—	2	3
蕲春县博物馆	—	1	—	—	1
黄梅县博物馆	—	1	—	14	15
武穴市博物馆	—	—	—	1	1
咸宁市博物馆	—	—	1	—	1
崇阳县博物馆	—	—	1	—	1
巴东县博物馆	—	—	—	40	40
仙桃市博物馆	—	—	1	—	1
总计（件/套）	2	25	12	130	169

（十）宋代磁州窑瓷器

湖北省国有博物馆馆藏的宋代磁州窑瓷器部分藏品分布见表3.63。

表3.63 宋代磁州窑瓷器部分藏品分布

收藏单位	一级文物（件/套）	二级文物（件/套）	三级文物（件/套）	一般文物（件/套）	未定级文物（件/套）	总计（件/套）
湖北省博物馆	—	—	2	—	1	3
辛亥革命武昌起义纪念馆	—	—	—	—	1	1

续表3.63

收藏单位	一级文物 （件/套）	二级文物 （件/套）	三级文物 （件/套）	一般文物 （件/套）	未定级文物 （件/套）	总计 （件/套）
武汉博物馆	—	—	7	—	2	9
湖北大学	—	—	1	—	2	3
华中师范大学	—	—	—	2	—	2
枝江市博物馆	—	1	1	—	3	5
襄阳市博物馆	1	—	—	3	—	4
枣阳市博物馆	—	—	—	—	1	1
钟祥市博物馆	—	—	1	—	—	1
红安县博物馆	—	—	—	—	1	1
恩施市文物事业管理局	—	—	1	—	—	1
仙桃市博物馆	—	—	1	—	—	1
总计（件/套）	1	2	13	5	11	32

（十一）宋代登封窑风格瓷器

这类瓷器以登封窑烧制的最为著名。湖北省国有博物馆馆藏的宋代登封窑风格瓷器部分藏品分布见表3.64。

表3.64　宋代登封窑风格瓷器部分藏品分布

收藏单位	二级文物 （件/套）	三级文物 （件/套）	总计 （件/套）
湖北省博物馆	—	2	2
浠水县博物馆	1	—	1
总计（件/套）	1	2	3

（十二）宋金时期红绿彩瓷器

湖北省国有博物馆馆藏的宋金时期红绿彩瓷器部分藏品分布见表3.65。

表3.65　宋金时期红绿彩瓷器部分藏品分布

收藏单位	三级文物（件/套）	一般文物（件/套）	未定级文物（件/套）	总计（件/套）
湖北省博物馆	—	1	—	1
武汉博物馆	6	—	3	9
武当山旅游经济特区博物馆	—	—	1	1
襄阳市博物馆	—	3	1	4
枣阳市博物馆	—	—	2	2
总计（件/套）	6	4	7	17

（十三）宋代三彩陶器

湖北省国有博物馆馆藏的宋代三彩陶器部分藏品分布见表3.66。

表3.66　宋代三彩陶器部分藏品分布

收藏单位	二级文物（件/套）	三级文物（件/套）	未定级文物（件/套）	总计（件/套）
武汉博物馆	—	1	—	1
房县博物馆	—	—	2	2
襄阳市博物馆	1	—	—	1
钟祥市博物馆	2	1	—	3
总计（件/套）	3	2	2	7

（十四）宋代湖泗窑瓷器

湖泗窑址群位于武汉市江夏区南部的梁子湖与斧头湖之间的地区。湖泗窑始烧于晚唐时期，晚唐时烧白瓷，宋代烧青白瓷。瓷器的种类均为壶、罐、碗、盘、碟等日常生活用具。宋代湖泗窑及周边窑场以烧造青白瓷为主，釉色多为青白色，白中闪青，釉层较薄。器物釉面多开细小冰裂纹，呈现翠青色或湖青色；胎多为灰白色，多含杂质、气泡；纹饰主要有菊花纹、荷花纹、波浪纹，纹饰题材还涉及彩蝶、婴戏图等；装饰技法有刻花和划花等，技法娴熟，线条流畅，使得产品精致而富有美感。湖泗窑址群是长江中游古陶瓷生产的一个重要链接，使南方和北方、黄河流域和长江流域陶瓷生产的历史得以衔接，使祖国大地陶瓷生产成为一个完整的系列。

湖北省国有博物馆馆藏的宋代湖泗窑瓷器部分藏品分布见表3.67。

表3.67 宋代湖泗窑瓷器部分藏品分布

收藏单位	一级文物（件/套）	二级文物（件/套）	三级文物（件/套）	未定级文物（件/套）	总计（件/套）
武汉博物馆	1	1	10	—	12
武汉市蔡甸区博物馆	—	—	3	—	3
黄冈市博物馆	—	—	—	1	1
总计（件/套）	1	1	13	1	16

从上述分布情况可知，湖北省有些国有博物馆馆藏的某个品种的陶瓷器存在数量上的优势，可以进行专题研究和利用，例如：

（1）巴东县博物馆馆藏的北宋瓷器。"湖北巴东旧县坪遗址"曾入选"2002年度全国十大考古新发现"。北宋巴东县城遗址中发现了2000多件完整或可修复的小件瓷器，瓷器的种类繁多，可谓一座小型的"北宋瓷器博物馆"。其中，白瓷和青白瓷的胎质细腻，大多模印繁复的花纹。从瓷器所属窑口来看，有浙江的越窑瓷器、江西景德镇的青白瓷、福建建窑的"兔毫"瓷器、湖北湖泗窑的青白瓷、四川彭县窑的白瓷，甚至还有北方钧窑瓷器的瓷片。

（2）蕲春县博物馆馆藏的南宋瓷器。南宋时期，蕲春罗州城商贾云集，此地是鄂赣皖三省交界处的大规模茶叶集散地，民间经贸发达。有茶叶，自然会有瓷制茶具。现在的罗州城旧址内仍能轻易找到南宋时期瓷器的残片，几乎囊括了当时全国所有窑系的产品。

第五节 元代至清代陶瓷价值分析

一、元代至清代陶瓷发展特点

（一）元代至清代瓷器发展特点

1.元代瓷器发展特点

在瓷器发展史上，元代是一个承前启后的重要时代。元代制瓷业的特点首先表现为，宋金时期南北各地的主要瓷窑继续发展，制瓷技术更加成熟；其次是景德镇发展成为全国制瓷中心。

元代景德镇烧造的瓷器品种多样，除了继续烧造青白釉、黑釉瓷器外，还取得了许多新成就，如发展了青花瓷烧造工艺，创烧了卵白釉瓷、釉里红瓷和高温钴蓝釉瓷。

（1）青花瓷属于高温釉下彩瓷，是对白地青花瓷器的专称[1]。青花瓷是一种在瓷胎上用钴料着色，然后施以透明釉，以1300℃左右高温一次烧成的釉下彩瓷器[2]。钴料经高温烧成后呈蓝色，具有着色力强，发色鲜艳，空气氧化作用对其影响较小，烧制成功率高，呈色稳定的特点。元代烧制的青花瓷器型有罐、碗、盘、梅瓶、高足杯、长颈瓶、葫芦瓶、扁瓶等，从造型上来看，长颈瓶、葫芦瓶、扁瓶等都是具有时代特征的器型。青花瓷以釉下钴蓝彩绘装饰为主，有两种不同的装饰技法，即白地绘彩和青花拔白。此外，还有印花和青花两种装饰方法相结合使用的情况，以及镂雕、堆贴等附加装饰。青花瓷上的装饰纹样丰富多

---

[1]《中国古陶瓷图典》编辑委员会.中国古陶瓷图典[M].北京：文物出版社，1998：215.

[2] 冯先铭.中国陶瓷（修订本）[M].上海：上海古籍出版社，2001：425.

样，纹饰题材包括人物故事、花鸟竹石等。

（2）卵白釉是元代景德镇创烧的一种青白色釉。由于在这种卵白釉瓷中发现有"枢府"字样，故卵白釉又被称为"枢府釉"。卵白釉瓷胎体为白色，胎体比青白瓷胎体厚；釉色偏白，近似鹅蛋色，釉层较厚且失透；器物种类以碗、盘、执壶多见，其中典型器为小底足碗；装饰技法以印花为主，纹饰内容有缠枝花卉、云龙、牡丹、孔雀等。

（3）釉里红瓷是以氧化铜为着色剂，在瓷胎上绘制纹饰，并罩以透明釉，在高温还原焰气氛中烧成后，釉下呈现红色花纹，是釉下彩瓷器品种之一。釉里红瓷器型有玉壶春瓶、高足杯、罐等。因釉里红瓷烧成技术难度大，因此其数量和器型都较少。釉里红瓷装饰方法有釉里红线绘、釉里红拔白以及釉里红涂绘，纹饰题材有花卉植物、松竹山石、芦雁双凤等。

（4）高温钴蓝釉瓷是将钴料掺入釉中作着色剂，在高温下烧成的瓷器。明清时期蓝釉称为"霁蓝"。高温钴蓝釉瓷器型有高足碗、梅瓶、盘等，装饰技法有纯蓝釉绘金彩和纯蓝釉绘白花两种，纹饰内容有龙纹、梅花纹等。

2.明清时期瓷器发展特点

明清时期中国制瓷手工业开始进入新的发展阶段。入明以后，宋元时期的部分瓷窑逐渐衰落或者停烧。这一时期景德镇窑系迅速崛起，生产规模扩大，烧造的瓷器质量提高，并于明洪武二年（1369年）设立了御器厂。能代表这一时期瓷器风格和特征的瓷窑有龙泉窑、德化窑等。

景德镇在明代发展成为中国的瓷都，除了历史和地理因素外，还得益于明朝宫廷在当地设立了御器厂。设立御器厂，一方面促进了瓷器产品质量的提高，另一方面御器厂不断生产新的瓷器品种，进一步促进了民窑的发展。

景德镇御瓷窑以烧制青花瓷为主，同时还有白釉瓷器、黑釉瓷器、红釉瓷器、洒蓝釉瓷器、仿龙泉青釉瓷器、斗彩瓷器、五彩瓷器、粉彩瓷器等，其中青花瓷的数量最多。器物种类包括日常生活用具以及陈设类、赏玩类器物等，器型有碗、罐、鸡缸杯、扁壶、梅瓶、樽、爵、赏瓶、瓷塑等。装饰技法有划花、印花、刻花、镂雕等，常见的纹样题材有人物故事、花卉、山水、婴戏图及吉祥图案等，兼有配以诗词的，使瓷器成为诗、书、画柜结合的艺术珍品。

明清时期景德镇民窑以烧造青花瓷为主，同时烧造一些单色釉瓷器，清雍正、乾隆时期起，开始大量烧制粉彩瓷。器物种类以日常生活用具为主，器型有碗、杯、盘、瓶、罐等，造型简洁实用，还有少量的陈设类器物。装饰纹样题材丰富，有戏曲人物、历史故事、吉祥图案、折枝花卉等，构图形式丰富多样。明清时期民窑成为景德镇制瓷业的主体，其生产的器物虽不及御器厂精细，但在规模和数量上超过御器厂，同时行销海外，影响深远。

（二）元代至清代陶器发展特点

江苏宜兴紫砂器代表着明清时期紫砂器制作工艺的最高水平。紫砂器是用质地细腻、含铁量高的特殊陶土烧制的无釉细陶器，其胎质坚实细密，具有良好的透气性。紫砂器盛行于明代，其盛行的原因是由于明代饮茶方式由烹煮饼茶改为冲泡散茶。紫砂器颜色包括红褐色、淡黄色、紫黑色等，器型有壶、杯、花盆，以及陈设类器物、玩具等。另外，广西钦州坭兴陶器是与江苏宜兴紫砂器齐名的陶器制品。

二、元代至清代重要陶瓷资源统计

（一）元代龙泉窑瓷器

湖北省国有博物馆馆藏的元代龙泉窑瓷器部分藏品分布见表3.68。

表3.68 元代龙泉窑瓷器部分藏品分布

收藏单位	三级文物（件/套）	一般文物（件/套）	未定级文物（件/套）	总计（件/套）
湖北省博物馆	—	2	—	2
武汉博物馆	130	—	91	221

续表3.68

收藏单位	三级文物（件/套）	一般文物（件/套）	未定级文物（件/套）	总计（件/套）
武汉市新洲区文物管理所（武汉市新洲区博物馆）	24	—	3	27
十堰市博物馆	—	—	1	1
武当山旅游经济特区博物馆	1	—	1	2
郧西县博物馆	—	—	1	1
远安县博物馆	1	—	—	1
秭归县屈原纪念馆	—	—	2	2
鄂州市博物馆	—	—	2	2
荆门市博物馆	—	—	1	1
荆州博物馆	9	—	5	14
公安县博物馆	1	—	—	1
石首市博物馆	—	—	1	1
罗田县博物馆	9	—	13	22
蕲春县博物馆	—	—	1	1
黄梅县博物馆	2	—	14	16
麻城市革命博物馆	—	—	1	1
武穴市博物馆	—	—	1	1
恩施市文物事业管理局	1	—	—	1
仙桃市博物馆	—	3	—	3
总计（件/套）	178	5	138	321

（二）明代珐华器、琉璃器

这类器物包括山西诸窑、江西景德镇窑等窑制品。湖北省国有博物馆馆藏的明代珐华器部分藏品分布见表3.69，明代琉璃器部分藏品分布见表3.70。

表3.69 明代珐华器部分藏品分布

收藏单位	一级文物（件/套）	三级文物（件/套）	一般文物（件/套）	未定级文物（件/套）	总计（件/套）
湖北省博物馆	—	—	1	—	1
武汉博物馆	—	8	—	2	10
蕲春县博物馆	1	—	—	—	1
黄梅县博物馆	—	—	—	2	2
总计（件/套）	1	8	1	4	14

表3.70 明代琉璃器部分藏品分布

收藏单位	一般文物（件/套）	未定级文物（件/套）	总计（件/套）
华中师范大学	1	—	1
武当山旅游经济特区博物馆	—	3	3
总计（件/套）	1	3	4

（三）德化窑瓷器

湖北省国有博物馆馆藏的德化窑瓷器部分藏品分布见表3.71。

表3.71 德化窑瓷器部分藏品分布

收藏单位	二级文物（件/套）	三级文物（件/套）	一般文物（件/套）	未定级文物（件/套）	总计（件/套）
湖北省博物馆	—	1	—	—	1
武汉博物馆	1	42	—	22	65
湖北大学	—	—	—	1	1
华中师范大学	—	2	—	—	2
钟祥市博物馆	4	—	—	1	5
应城市博物馆	—	—	1	—	1
荆州博物馆	5	6	—	—	11

续表3.71

收藏单位	二级文物 （件/套）	三级文物 （件/套）	一般文物 （件/套）	未定级文物 （件/套）	总计 （件/套）
松滋市博物馆	—	—	—	1	1
蕲春县博物馆	—	6	—	—	6
麻城市革命博物馆	—	2	—	—	2
总计（件/套）	10	59	1	25	95

（四）紫砂器

这类器物包括江苏宜兴紫砂器、广西钦州坭兴陶器等。湖北省国有博物馆馆藏的紫砂器部分藏品分布见表3.72。

表3.72　紫砂器部分藏品分布

收藏单位	三级文物 （件/套）	一般文物 （件/套）	未定级文物 （件/套）	总计 （件/套）
湖北省博物馆	—	4	2	6
辛亥革命武昌起义纪念馆	—	—	5	5
武汉博物馆	1	—	—	1
汉正街博物馆	—	—	1	1
武汉市晴川阁管理处	—	—	12	12
长江文明馆	—	—	16	16
武汉市汉南区博物馆	—	—	3	3
武汉市蔡甸区博物馆	—	—	2	2
武汉市新洲区文物管理所 （武汉市新洲区博物馆）	1	—	—	1
阳新县博物馆	—	—	5	5
大冶市博物馆	—	—	1	1
十堰市博物馆	—	—	1	1
十堰市郧阳博物馆	—	—	1	1
丹江口市博物馆	—	—	2	2

续表3.72

收藏单位	三级文物（件/套）	一般文物（件/套）	未定级文物（件/套）	总计（件/套）
宜昌博物馆	2	—	5	7
秭归县屈原纪念馆	—	—	1	1
宜都市博物馆	—	—	2	2
枝江市博物馆	—	—	2	2
保康县博物馆	—	—	1	1
枣阳市博物馆	—	—	5	5
鄂州市博物馆	—	—	14	14
荆门市博物馆	1	—	21	22
京山市博物馆	—	—	2	2
钟祥市博物馆	—	—	8	8
孝昌县博物馆	—	—	1	1
大悟县革命博物馆	—	4	—	4
应城市博物馆	—	1	—	1
张居正纪念馆	—	—	3	3
荆州市荆州区博物馆	—	—	2	2
荆州博物馆	—	—	1	1
监利县革命历史博物馆	—	—	2	2
洪湖革命历史博物馆	—	—	1	1
黄冈市博物馆	—	—	1	1
黄冈市民俗博物馆	—	—	1	1
团风县博物馆	—	—	1	1
红安县博物馆	—	—	5	5
浠水县博物馆	—	—	7	7
蕲春县博物馆	—	—	2	2
麻城市革命博物馆	—	—	1	1
武穴市博物馆	1	—	3	4
咸宁市咸安区博物馆	—	5	—	5

续表3.72

收藏单位	三级文物（件/套）	一般文物（件/套）	未定级文物（件/套）	总计（件/套）
恩施市文物事业管理局	—	—	4	4
建始县文物管理局（建始县博物馆）	1	—	1	2
咸丰县民族博物馆	—	—	3	3
鹤峰县博物馆	—	—	1	1
仙桃市博物馆	2	1	—	3
潜江市博物馆	1	1	—	2
总计（件/套）	10	16	152	178

（五）景德镇窑瓷器

从元代开始，中国瓷器生产出现景德镇窑独大，其他窑口规模逐渐减小的局面。景德镇窑在继承与创新中不断发展壮大，官窑与民窑齐头并进，景德镇逐渐成为中国"瓷都"。

湖北省国有博物馆馆藏的元代褐彩瓷器部分藏品分布见表3.73，元代白釉瓷器部分藏品分布见表3.74，元代青花瓷器部分藏品分布见表3.75，明清时期素三彩瓷器部分藏品分布见表3.76，明清时期五彩瓷器部分藏品分布见表3.77，明清时期斗彩瓷器部分藏品分布见表3.78，明代蓝釉瓷器部分藏品分布见表3.79，明代黄釉瓷器部分藏品分布见表3.80，明代红釉瓷器部分藏品分布见表3.81，明代孔雀蓝瓷器部分藏品分布见表3.82，清代浅绛彩瓷器部分藏品分布见表3.83。

表3.73　元代褐彩瓷器部分藏品分布

收藏单位	二级文物（件/套）	三级文物（件/套）	一般文物（件/套）	未定级文物（件/套）	总计（件/套）
湖北省博物馆	1	—	1	—	2
武汉博物馆	—	7	—	1	8
枣阳市博物馆	—	1	—	—	1
总计（件/套）	1	8	1	1	11

表3.74 元代白釉瓷器部分藏品分布

收藏单位	二级文物（件/套）	三级文物（件/套）	一般文物（件/套）	未定级文物（件/套）	总计（件/套）
湖北省博物馆	—	1	6	—	7
武汉博物馆	—	11	—	2	13
武汉市黄陂区博物馆	—	—	1	—	1
武汉市新洲区文物管理所（武汉市新洲区博物馆）	—	—	—	1	1
丹江口市博物馆	—	—	—	1	1
罗田县博物馆	1	3	—	—	4
英山县博物馆	—	6	4	—	10
黄梅县博物馆	—	—	—	1	1
麻城市革命博物馆	—	—	—	1	1
总计（件/套）	1	21	11	6	39

表3.75 元代青花瓷器部分藏品分布

收藏单位	一级文物（件/套）	二级文物（件/套）	三级文物（件/套）	未定级文物（件/套）	总计（件/套）
武汉博物馆	—	—	1	4	5
丹江口市博物馆	—	—	—	4	4
襄阳市博物馆	—	1	—	—	1
黄梅县博物馆	1	—	—	1	2
崇阳县博物馆	1	—	—	—	1
巴东县博物馆	—	—	—	2	2
总计（件/套）	2	1	1	11	15

表3.76　明清时期素三彩瓷器部分藏品分布

收藏单位	二级文物（件/套）	三级文物（件/套）	一般文物（件/套）	未定级文物（件/套）	总计（件/套）
湖北省博物馆	—	7	26	3	36
辛亥革命武昌起义纪念馆	—	—	—	1	1
武汉博物馆	2	5	—	11	18
湖北大学	—	5	4	1	10
阳新县博物馆	—	—	—	1	1
枝江市博物馆	—	—	—	2	2
鄂州市博物馆	—	—	—	2	2
荆州博物馆	—	1	—	—	1
洪湖革命历史博物馆	—	—	—	2	2
黄冈市博物馆	—	1	—	1	2
红安县博物馆	—	—	—	3	3
麻城市革命博物馆	—	—	—	1	1
仙桃市博物馆	—	—	1	—	1
总计（件/套）	2	19	31	28	80

表3.77　明清时期五彩瓷器部分藏品分布

收藏单位	一级文物（件/套）	二级文物（件/套）	三级文物（件/套）	一般文物（件/套）	未定级文物（件/套）	总计（件/套）
湖北省博物馆	—	2	19	36	6	63
辛亥革命武昌起义纪念馆	—	—	—	—	1	1
武汉博物馆	—	—	26	—	19	45
江汉关博物馆	—	—	—	—	1	1
湖北大学	—	—	1	2	—	3
华中师范大学	—	—	9	13	4	26
长江文明馆	—	—	—	—	2	2
湖北明代藩王博物馆	—	—	—	2	—	2

续表3.77

收藏单位	一级文物（件/套）	二级文物（件/套）	三级文物（件/套）	一般文物（件/套）	未定级文物（件/套）	总计（件/套）
武汉市新洲区文物管理所（武汉市新洲区博物馆）	—	—	1	—	1	2
黄石市博物馆	—	—	—	—	17	17
十堰市博物馆	—	—	—	—	1	1
十堰市郧阳博物馆	—	—	1	—	40	41
房县博物馆	—	—	—	—	2	2
丹江口市博物馆	—	—	—	—	14	14
宜昌博物馆	—	—	—	—	3	3
秭归县屈原纪念馆	—	—	—	—	5	5
宜都市博物馆	—	—	1	—	—	1
枝江市博物馆	—	—	1	—	—	1
襄阳市博物馆	—	—	1	—	—	1
南漳县博物馆	—	—	—	—	19	19
谷城县博物馆	—	—	—	—	4	4
枣阳市博物馆	—	—	—	—	4	4
宜城市博物馆	—	—	—	—	3	3
鄂州市博物馆	—	—	—	—	10	10
京山市博物馆	—	—	—	—	1	1
钟祥市博物馆	—	1	—	—	—	1
应城市博物馆	—	—	—	6	—	6
汉川市博物馆	—	—	—	—	1	1
张居正纪念馆	—	—	—	—	4	4
荆州博物馆	—	1	23	3	—	27
监利县革命历史博物馆	—	—	—	—	1	1
洪湖革命历史博物馆	—	—	1	—	8	9
松滋市博物馆	—	—	—	—	1	1
黄冈市博物馆	—	—	3	—	2	5

续表3.77

收藏单位	一级文物（件/套）	二级文物（件/套）	三级文物（件/套）	一般文物（件/套）	未定级文物（件/套）	总计（件/套）
黄冈市民俗博物馆	—	—	—	—	6	6
黄冈革命烈士陵园纪念馆	—	—	—	—	2	2
浠水县博物馆	—	1	—	—	48	49
蕲春县博物馆	1	—	—	—	—	1
黄梅县博物馆	—	—	2	—	3	5
麻城市革命博物馆	—	—	—	—	1	1
通城县博物馆	—	—	—	1	—	1
通山县博物馆	—	—	—	—	1	1
赤壁市博物馆	—	—	—	1	—	1
仙桃市博物馆	—	—	—	1	—	1
潜江市博物馆	—	—	1	13	—	14
潜江市曹禺祖居博物馆	—	—	—	—	4	4
总计（件/套）	1	5	90	78	239	413

表3.78　明清时期斗彩瓷器部分藏品分布

收藏单位	二级文物（件/套）	三级文物（件/套）	一般文物（件/套）	未定级文物（件/套）	总计（件/套）
湖北省博物馆	10	4	2	—	16
武汉博物馆	1	16	—	17	34
黄石市博物馆	—	—	—	2	2
宜昌博物馆	—	—	—	3	3
鄂州市博物馆	—	—	—	1	1
荆州博物馆	1	—	—	—	1
松滋市博物馆	—	1	—	—	1
黄梅县博物馆	—	—	—	1	1
总计（件/套）	12	21	2	24	59

表3.79 明代蓝釉瓷器部分藏品分布

收藏单位	二级文物（件/套）	三级文物（件/套）	未定级文物（件/套）	总计（件/套）
武汉博物馆	—	20	1	21
阳新县博物馆	—	—	1	1
宜昌博物馆	—	—	2	2
兴山县文物事业管理局	—	—	1	1
襄阳市博物馆	—	1	1	2
保康县博物馆	—	—	2	2
京山市博物馆	—	1	1	2
钟祥市博物馆	—	—	1	1
张居正纪念馆	—	—	1	1
荆州博物馆	—	3	1	4
罗田县博物馆	—	1	—	1
黄梅县博物馆	5	2	5	12
麻城市革命博物馆	—	1	2	3
武穴市博物馆	—	—	1	1
总计（件/套）	5	29	20	54

表3.80 明代黄釉瓷器部分藏品分布

收藏单位	三级文物（件/套）	一般文物（件/套）	未定级文物（件/套）	总计（件/套）
湖北省博物馆	—	—	1	1
武汉博物馆	2	—	1	3
郧西县博物馆	—	—	1	1
宜昌博物馆	—	—	4	4
秭归县屈原纪念馆	—	—	4	4
襄阳市博物馆	1	—	1	2

续表3.80

收藏单位	三级文物 （件/套）	一般文物 （件/套）	未定级文物 （件/套）	总计 （件/套）
老河口市博物馆	—	—	1	1
荆门市博物馆	—	2	—	2
钟祥市博物馆	—	—	6	6
孝感市博物馆	—	2	—	2
应城市博物馆	—	2	—	2
汉川市博物馆	—	—	1	1
荆州市荆州区博物馆	—	—	1	1
荆州博物馆	1	1	—	2
监利县革命历史博物馆	2	—	—	2
洪湖革命历史博物馆	2	—	4	6
松滋市博物馆	2	9	3	14
黄冈市黄州区博物馆 （李四光纪念馆）	—	1	—	1
英山县博物馆	—	1	—	1
浠水县博物馆	—	—	1	1
蕲春县博物馆	—	—	2	2
武穴市博物馆	1	—	2	3
仙桃市博物馆	—	3	—	3
总计（件/套）	11	21	33	65

表3.81　明代红釉瓷器部分藏品分布

收藏单位	三级文物 （件/套）	一般文物 （件/套）	未定级文物 （件/套）	总计 （件/套）
华中师范大学	1	—	—	1
武汉市黄陂区博物馆	—	1	—	1
谷城县博物馆	—	—	3	3
荆州博物馆	1	—	—	1

收藏单位	三级文物 （件/套）	一般文物 （件/套）	未定级文物 （件/套）	总计 （件/套）
咸宁市咸安区博物馆	—	1	—	1
总计（件/套）	2	2	3	7

表3.82　明代孔雀蓝瓷器部分藏品分布

收藏单位	二级文物 （件/套）	三级文物 （件/套）	一般文物 （件/套）	未定级文物 （件/套）	总计 （件/套）
湖北省博物馆	—	1	2	—	3
武汉博物馆	—	6	—	—	6
京山市博物馆	—	—	—	1	1
黄梅县博物馆	1	—	—	—	1
总计（件/套）	1	7	2	1	11

表3.83　清代浅绛彩瓷器部分藏品分布

收藏单位	三级文物 （件/套）	一般文物 （件/套）	未定级文物 （件/套）	总计 （件/套）
湖北省博物馆	1	2	—	3
辛亥革命武昌起义纪念馆	1	—	6	7
武汉市新洲区文物管理所 （武汉市新洲区博物馆）	—	—	2	2
十堰市博物馆	1	—	—	1
郧西县博物馆	2	—	1	3
枣阳市博物馆	—	—	7	7
鄂州市博物馆	—	—	1	1
浠水县博物馆	—	—	9	9
恩施市文物事业管理局	2	—	—	2
总计（件/套）	7	2	26	35

（六）与皇室有关的器物

中国两千多年封建帝制朝代频迭，历朝历代皇帝众多。可历史上皇帝在湖北留下足迹的并不多，但这并不意味着皇家痕迹少见。宫廷斗争和皇帝新政改变着部分皇室宗亲的命运，其中就有人离开京城，来到湖北封地就藩，颐养天年，延续后代。仅明代就有44位藩王封地于湖北。

在封建社会，当权者使用的器具都是当时材质最好、工艺最精湛的。陶瓷器作为与封建社会同步发展的实用器具，品质最好的肯定被皇家使用。在湖北生活的皇室成员将品质上乘的陶瓷器带到湖北，其中一部分留存到了今天，数量还不少。

湖北省国有博物馆馆藏的皇家用陶瓷，来源基本有三：一是考古出土；二是民间征集；三是馆际调拨。

湖北考古出土的皇家用陶瓷主要出自唐代和明代藩王家族墓地。已经发掘并出土陶瓷器的明代藩王家族墓地有：

（1）明太祖朱元璋第六子楚昭王朱桢八子及家眷墓。朱桢于洪武三年（1370年）被封为楚王，洪武十四年（1381年）就藩于武昌，膝下有十子，但其后在这一地区封藩的只有八位，即所谓八王。八王及家眷大部分卒于正统时期，楚王家族墓地在现今武汉市江夏区流芳岭龙泉山。1991年在武汉市江夏区流芳岭龙泉山楚昭王墓出土的明代青釉碗、"天顺年置"款青花龙纹碗，现藏于武汉博物馆；1964年在武汉市江夏区流芳岭妃子墓出土的明代青花云龙纹高足碗、明代青花鸳鸯戏莲纹盖罐、明代青花弈棋图簋式炉等，现藏于武汉市江夏区博物馆。

（2）明太祖朱元璋第十五子辽简王朱植妃子墓。朱植于洪武十一年（1378年）封卫王，洪武二十五年（1392年）改封辽王，就藩广宁州（今辽宁省北镇市）。永乐皇帝朱棣于永乐二年（1404年）下诏，将朱植移藩荆州。朱植卒于永乐二十二年（1424年），洪熙元年（1425年）下葬于江陵八岭山。其墓多次被盗，其王妃墓有瓷器出土。1962年在湖北省荆州市（原江陵县）八岭山辽王妃墓出土的甜白釉划花凤纹盖罐，现藏于荆州博物馆。

（3）明太祖朱元璋第二十四子（序齿为第二十三子）郢靖王朱栋及其王妃郭

氏合墓。朱栋于洪武二十四年（1391年）被册封为郢王，永乐六年（1408年）就藩安陆（今湖北省钟祥市），卒于永乐十二年（1414年），永乐十五年（1417年）葬于城东二十里清平村宝鹤山。2006年在湖北钟祥郢靖王墓出土的元青花四爱图梅瓶、元青花云龙纹梅瓶、白釉柳叶系梅瓶、龙泉窑青釉瓶（四只）、"酒四号"刻款大陶缸等，现藏于湖北省博物馆。

（4）明仁宗朱高炽第六子荆宪王朱瞻堈家族子孙墓。朱瞻堈于永乐二十二年（1424年）被册封，宣德四年（1429年）就藩江西建昌（今江西省南城县），正统十年（1445年）移藩湖北蕲州（今湖北省蕲春县），其家族墓地在蕲春。1966年在蕲春县株林镇三角山荆藩妃子墓出土的明代青花凤纹梅瓶、珐华五彩仙鹤莲鹭纹罐，以及2006年在蕲春县横车镇荆恭王墓出土的白釉暗刻云龙纹盖罐等，现藏于蕲春县博物馆。

（5）明仁宗朱高炽第九子梁庄王朱瞻垍及其王妃魏氏合墓。朱瞻垍于永乐二十二年（1424年）被册封，宣德四年（1429年）就藩安陆州（今湖北省钟祥市），正统六年（1441年）卒，其与妃子魏氏的合葬墓位于钟祥市长滩镇大洪村。2001年在湖北省钟祥市梁庄王墓出土的明代青花云龙纹高足碗、明代青花瑶台赏月图高足碗、明代白釉划花戗金云龙纹高足碗（一对）、明代青花缠枝莲纹梅瓶（一对）等，现藏于湖北省博物馆。

湖北省国有博物馆馆藏的明代皇家用陶瓷，除了从藩王家族墓地出土外，因各种无法考证的原因，在其他的考古发掘中也有发现。如钟祥市博物馆馆藏的，于1975年在湖北省钟祥市郢中镇搬运站窖藏出土的"大明成化年制"款青花双鸡觅食图高足杯；黄冈市博物馆馆藏的，于1992年在湖北省黄冈市黄州城区黄州大道市委党校段出土的"大明嘉靖年制"款娇黄釉划花海水纹盖罐；武穴市博物馆馆藏的，于2005年在湖北省武穴市四望镇田应祖村出土的"大明万历年制"款青花缠枝龙纹碗等。

历史往往复杂多变，除了近期出土之外，留存下来的皇家用陶瓷，有的或许是早期就已出土，有的或许是流入民间后传承至今，湖北也有这种身世的皇家用陶瓷。如武汉博物馆馆藏的元青花四爱图梅瓶，为原武汉市文物商店早年从民间征集所得，与郢靖王墓出土的同款梅瓶几无二致，推测为早期湖北境内明代藩王墓地出土；湖北省博物馆馆藏的明正统青花龙凤瓶（一对），为原湖北省文物总店（现湖北省文物交流信息中心前身）早年在武汉市江夏区征集所得，推测为早期楚昭王家族墓出土；湖北省博物馆馆藏的清乾隆粉彩婴戏图灯笼瓶，为原湖北省文物总店（现湖北省文物交流信息中心前身）早年购买所得。

湖北省国有博物馆中，湖北省博物馆馆藏的有纪年款明清官窑瓷器较多，为早期故宫博物院调拨给予的，其中以清代官窑瓷器居多，且多为清代官窑瓷器里的常见品种。

这些自带光环的陶瓷器是湖北省国有收藏机构所藏古陶瓷器中最靓丽的风景，代表着所处时代陶瓷器的较高水平。

从上述分布情况可知，湖北省有些国有博物馆馆藏的某个品种的陶瓷器存在数量上的优势，可以进行专题研究和利用，例如：

（1）荆州博物馆馆藏的清早期将军罐。荆州博物馆藏有60余件清代早期景德镇窑生产的大型将军罐，放眼全国也是单馆将军罐藏量最大的博物馆。这为研究当时荆州乃至全国的佛教丧制和将军罐制作工艺、装饰方法等，提供了全面翔实的实物资料。

（2）湖北省博物馆和武汉博物馆馆藏的明清瓷器精品。近代，随着武汉城市地位的提升，吸引了一批精英人士在此居住，进而带来了一大批明清瓷器精品。

湖北省博物馆收购了大量传世的明清瓷器精品，武汉博物馆也藏有不少原武汉市文物商店收购的明清瓷器精品。两馆相关藏品能够体现明清时期中国瓷器工艺及艺术成就。

第六节　近代陶瓷价值分析

一、近代陶瓷发展特点

　　1840年鸦片战争至1949年中华人民共和国成立前，中国一直处于风云动荡中，中国陶瓷业也在低谷中挣扎。然而，即使在如此恶劣的环境下，景德镇瓷业却仍然顽强地生存着，迈着艰难的步履前进着，而且其发展还有不少可圈可点之处。如自晚清"同光中兴"时期至民国初期，景德镇瓷业出现了资本主义经济的萌芽，开始尝试机械制瓷与煤窑烧炼等二艺技术，并引进"洋料"创"新彩"彩绘工艺和花纸贴花工艺，同时兴办陶瓷教育。这一时期，文人画派兴起，美术陶瓷兴旺等。江苏宜兴、湖南醴陵、广东佛山、广西钦州、河北唐山、山东淄博、湖北汉川马口等地的陶瓷生产状况与景德镇基本相同。

　　这个时期是我国陶瓷发展史上承上启下的一个重要阶段，甚至可以说是古老的陶瓷业迈向现代化的一个历史转折点[1]。

二、近代重要陶瓷资源统计

（一）与革命历史有关的陶瓷类文物

　　湖北是中国近代革命运动的重要历史舞台，1911年辛亥革命武昌起义打响了推翻两千多年封建帝制的第一枪。第二次国内革命战争和抗日战争时期，1927年8

---

[1] 肖振松.近代景德镇陶瓷史略[M].南昌：江西美术出版社，2017：8.

月7日，在汉口召开的八七会议，给正处于思想混乱和组织涣散的中国共产党指明了新的出路，为挽救党和革命作出了巨大贡献；1931年11月7日，中国工农红军第四方面军在黄安县（现红安县）七里坪镇诞生，1932年11月30日，中国工农红军第二十五军在黄安县（现红安县）七里坪镇檀树岗村重建；1938年6月—1938年10月，中国军队与日本侵略军展开了武汉会战，国民政府分别在湖北的老河口和恩施建立了第五战区和第六战区司令部，领导湖北及周边各省开展抗日战斗。解放战争时期，影响中国解放全局的中原突围发生在湖北省大悟县宣化店镇。与这些革命历史密切相关的陶瓷类文物也是湖北省国有博物馆的重要藏品。

1.辛亥革命相关陶瓷类文物

湖北省国有博物馆馆藏的辛亥革命相关陶瓷类文物部分藏品分布见表3.84。

表3.84　辛亥革命相关陶瓷类文物部分藏品分布

收藏单位	三级文物（件/套）	未定级文物（件/套）	一般文物（件/套）	总计（件/套）
湖北省博物馆	—	—	1	1
辛亥革命武昌起义纪念馆	—	19	—	19
武汉革命博物馆	1	—	—	1
总计（件/套）	1	19	1	21

2.第二次国内革命战争和抗日战争时期相关陶瓷类文物

湖北省国有博物馆馆藏的第二次国内革命战争和抗日战争时期相关陶瓷类文物部分藏品分布见表3.85。

表3.85　第二次国内革命战争和抗日战争时期相关陶瓷类文物部分藏品分布

收藏单位	一级文物（件/套）	二级文物（件/套）	三级文物（件/套）	一般文物（件/套）	未定级文物（件/套）	总计（件/套）
八路军武汉办事处旧址纪念馆	—	—	—	—	16	16
洪湖革命历史博物馆	—	1	410	—	900	1311

收藏单位	一级文物（件/套）	二级文物（件/套）	三级文物（件/套）	一般文物（件/套）	未定级文物（件/套）	总计（件/套）
红安县博物馆	—	2	5	—	315	322
红安县七里坪革命纪念馆	—	—	—	—	1	1
黄麻起义和鄂豫皖苏区纪念园管理处	—	—	—	—	4	4
麻城市乘马会馆纪念馆	—	—	—	—	2	2
麻城市革命博物馆	1	3	10	—	748	762
恩施州博物馆	—	3	12	—	575	590
武汉市中山舰博物馆	3	9	9	598	56	675
总计（件/套）	4	18	446	598	2617	3683

（二）马口窑及同类型窑场陶瓷器

从明代晚期起，湖北境内相继出现以汉川马口窑、麻城蔡家山窑、蕲春管窑为代表的釉陶生产窑场。这些窑场烧出的陶器敲击时铿锵有声，耐腐蚀，防渗漏，储存腌菜不腐烂、不变味，器型一般是坛、壶、钵、罐、缸、盆、烘炉等民间日常生活用器皿。民国时期其产品远销至日本、韩国、美国和东南亚等国，其藏品遍布湖北省各国有博物馆。

（三）醴陵釉下五彩瓷器

20世纪初，位于湖南醴陵的湖南瓷业制造总公司经过反复研制，采用自制的多种釉下颜料，运用国画双勾分水填色和"三烧制"法，制作出别具一格的釉下五彩瓷器，风行一时。

湖北省国有博物馆馆藏的近代醴陵釉下五彩瓷器部分藏品分布见表3.86。

表3.86　近代醴陵釉下五彩瓷器部分藏品分布

收藏单位	未定级文物（件/套）	一般文物（件/套）	总计（件/套）
辛亥革命武昌起义纪念馆	1	—	1
武汉博物馆	1	—	1
兴山县文物事业管理局	1	—	1
浠水县博物馆	1	—	1
仙桃市博物馆	—	1	1
总计（件/套）	4	1	5

　　以上各节仅按常规方式对文物价值进行了分类，随着文物研究成果的不断出现，文物利用方式的不断创新，文物价值体现的广度和深度还将进一步扩大。

第四章
陶瓷类文物保护状况研究

根据问卷调查资料和实地考察情况，对湖北省国有博物馆馆藏的陶瓷类文物的保管、保护及活化状况进行分析。

《博物馆定级评估标准》中，对一、二、三级博物馆在藏品保管、保护科研和陈列展示方面的要求，具体见表4.1。

表4.1　一、二、三级博物馆在藏品保管、保护科研和陈列展示方面的要求

博物馆级别	藏品保管	保护科研	陈列展示
一级博物馆	库房面积满足收藏需要；库房管理制度完善；库房设施、设备齐全，藏品存放环境达标；藏品提用手续齐全，进、出库记录完整；藏品存放科学、合理、规范；三级以上藏品均配备有符合要求的装具，一级文物和其他易损易坏的珍贵文物有专柜或专库存放，并由专人负责保管；根据藏品质地控制温、湿度，照明符合设计规范要求；库房非常整洁，空气质量好	有规模较大、设备较多的藏品保护修复场所，并能有效运转；有文物藏品修复资质和具备文物藏品修复资质的人员；藏品修复、保养程序科学、规范，效果好。有科技部门，有素质高、结构合理的科技队伍，有较大规模的实验室及相应科研仪器设备，能独立承担国际合作项目和国家级、省部级科研课题；取得重大科技成果或引进新技术，并运用到工作中，取得显著效果	展厅环境优美、空气质量好，照明符合设计规范要求，展柜内微环境适宜展品保护

续表4.1

博物馆级别	藏品保管	保护科研	陈列展示
二级博物馆	藏品存放合理；二级以上藏品均配备有符合要求的装具，存放于专柜或专库，并由专人负责保管；库房重点部位能控制温、湿度，采光照明基本符合规范要求；库房无异味	有藏品修复场所，有基本的修复设备和材料，能简单保养或修复藏品。有较强科研力量，具备承担省级科研课题的能力，能借助或引进专业科技力量开展相关科学技术工作，并将有关成果运用到实际工作中	展厅环境整洁，照明符合设计规范要求，珍贵文物展品的保存环境良好。基本陈列主题明确，体现本馆特色；策划方案合理，经过专家论证；内容研究深入，展品组织得当，文字说明准确；展览设计准确表达陈列主题；定期或不定期进行展品更新；社会评价较好
三级博物馆	一级藏品均配备有符合要求的装具，并专柜存放；库房无异味。有相应的藏品保养制度和措施	有一定科研能力，能借助或引进专业科技力量开展相关科学技术工作，并运用到实际工作中	展厅环境整洁，照明符合设计规范要求，重要展品的保存环境较好。基本陈列主题明确，体现本馆特色；基本陈列研究深入，展品组织得当，文字说明准确；展览设计有特色；社会评价较好

第一节　保管状况

大多数陶瓷类文物具有耐高温、耐腐蚀，稳定性强，但怕碰撞，易破损的特点，其保管条件对温、湿度要求不高，但不宜叠放，故占用空间大。

下面从博物馆更新升级情况和库房条件、柜架情况、存放方式等四个方面，对湖北省国有博物馆馆藏陶瓷类文物的保管状况进行分析。

一、博物馆更新升级情况

根据此次问卷调查回收的87份有效数据表格的统计分析可知，已经搬迁新馆的博物馆23家，占比26.44%；计划未来三年内搬迁新馆的博物馆29家，占比33.33%；对旧馆进行升级改造或扩建的博物馆14家，占比16.09%；没有搬迁新馆计划的博物馆21家，占比24.14%（表4.2）。

表4.2　博物馆建设情况表

博物馆建设情况	博物馆数量	所占比例
已经搬迁新馆	23	26.44%
计划未来三年内搬迁新馆	29	33.33%
对旧馆进行升级改造或扩建	14	16.09%
没有搬迁新馆计划	21	24.14%

由此可知，随着湖北省文博事业的发展，博物馆设施正在全面更新，三年后有近四分之三的博物馆将完成硬件设施升级换代，这必将使得馆藏文物的保管、保护、陈展水平得到提高。

二、库房条件

（一）专用性

根据此次问卷调查回收的87份有效数据表格的统计分析可知，有20家博物馆有陶瓷类文物专用库房；67家博物馆没有陶瓷类文物专用库房，这些博物馆的陶瓷类文物与其他文物混放（表4.3）。其中，20家有专用陶瓷类文物库房的博物馆，其库房总面积为2831.4 ㎡，平均面积为141.57 ㎡。46家博物馆库房有环境监控系统，41家博物馆库房没有环境监控系统；82家博物馆库房有专人管理。

表4.3　陶瓷类文物专用库房情况表

陶瓷类文物专用库房面积	博物馆数量	所占比例
无	67	77.01%
1～50 m²	6	6.89%
50～100 m²	5	5.75%
100～200 m²	5	5.75%
200～300 m²	1	1.15%
300～400 m²	2	2.30%
400～500 m²	1	1.15%

由此可知，绝大多数博物馆没有实现陶瓷类文物的专业化管理，可能的原因有三：一是资金不足；二是受人员和场地的限制；三是陶瓷类文物数量相对较少，单独存放不便于管理。

（二）预防性

1.文物预防性保护的概念

文物预防性保护是通过有效的质量管理、监测、评估、调控干预，抑制各种环境因素对文物的危害作用，努力使文物处于一个"稳定、洁净"的安全生存环境，尽可能阻止或延缓文物的物理和化学性质改变乃至最终劣化，达到长久保存文物的目的。目前，文物预防性保护理念已成为国际文化遗产保护的共识。就馆藏珍贵文物保护而言，对文物保存环境实施有效的监测和控制，提升对珍贵文物的风险预控能力，最大限度地防止或减缓环境因素对文物材料的破坏作用，是珍贵文物预防性保护的关键。博物馆环境的"预防措施"，是指通过有效的管理和特定技术的应用，从源头控制文物保存空间的污染物水平、光照强度和温、湿度平稳性，包括从文物储藏/展示装饰装修材料、囊匣材料、展具密封性和环境调控功能等方面，加强环境监测与风险评估，实施的必要环境质量调控措施。

2.湖北省国有博物馆库房预防性保护情况

根据此次问卷调查回收的87份有效数据表格的统计分析可知，38家博物馆库房没有实现预防性保护，占比43.68%；31家博物馆库房部分实现预防性保护，占比35.63%；9家博物馆（其中一级博物馆5家）库房全部实现预防性保护，占比10.34%；9家博物馆正在申报实施库房预防性保护，占比10.34%（表4.4）。

表4.4 库房预防性保护情况表

库房是否实现预防性保护	博物馆数量	所占比例
否	38	43.68%
部分	31	35.63%
全部	9	10.34%
正在申报	9	10.34%

由此次问卷调查资料可知，湖北省博物馆、武汉博物馆、荆州博物馆、辛亥革命武昌起义纪念馆和武汉市中山舰博物馆等5家一级博物馆库房的预防性保护措施到位。但近一半的博物馆没有实现库房的预防性保护，需要加快博物馆库房预防性保护方案的制订工作。

湖北省部分国有博物馆库房实地考察情况如下：

（1）预防性保护措施到位，专用性高（图4.1至图4.4）。

图4.1 某博物馆库房（一）

图4.2 某博物馆库房文物柜架

图4.3　某博物馆库房密集柜

图4.4　某博物馆陶瓷类文物库房

（2）安全防护措施完善，设施满足基本需求（图4.5、图4.6）。

图4.5　某博物馆库房大门（一）

图4.6　某博物馆库房（二）

（3）安全防护措施一般，内设保险柜存放珍贵文物（图4.7、图4.8）。

图4.7　某博物馆库房大门（二）

图4.8　某博物馆库房保险柜

（4）库房条件差，存在安全隐患（图4.9、图4.10）。

图4.9　某博物馆库房大门（三）　　　图4.10　某博物馆库房吊顶霉变脱落

三、柜架情况

参与此次问卷调查的87家湖北省国有博物馆，存放陶瓷类文物的柜架有恒温恒湿专用储藏柜、铁质文物柜、木质文物柜、文物架四种。有些博物馆针对不同级别的陶瓷类文物使用了不同类型的柜架，具体情况详见表4.5。

表4.5　陶瓷类文物所用柜架情况表

陶瓷类文物所用柜架	博物馆数量	所占比例
恒温恒湿专用储藏柜	1	1.15%
恒温恒湿专用储藏柜、铁质文物柜	1	1.15%
木质文物柜	15	17.24%
木质文物柜、铁质文物柜	3	3.45%
木质文物柜、铁质文物柜、文物架	11	12.64%
木质文物柜、文物架	6	6.90%
铁质文物柜	14	16.09%
铁质文物柜、文物架	16	18.39%
文物架	17	19.54%
无	3	3.45%

　　由此可知，文物架的使用最为普遍。但文物架这种开放式柜架若不增加防震、防碰、防滑措施，用来存放不耐磕碰的陶瓷类文物存在一定隐患。

　　湖北省部分国有博物馆库房实地考察情况如下：

　　（1）木质文物柜使用情况（图4.11）。

　　（2）未做摆放面防滑处理的铁质文物柜使用情况（图4.12）。

图4.11　某博物馆库房陶瓷类文物柜架（一）　　图4.12　某博物馆库房陶瓷类文物柜架（二）

　　（3）做了摆放面防滑处理的铁质文物柜使用情况（图4.13）。

　　（4）木质文物架使用情况（图4.14）。

图4.13　某博物馆库房陶瓷类文物柜架（三）　　图4.14　某博物馆库房陶瓷类文物柜架（四）

（5）未做摆放面防滑处理的铁质文物架使用情况（图4.15）。

（6）做了摆放面防滑处理的铁质文物架使用情况（图4.16）。

图4.15　某博物馆库房陶瓷类文物柜架（五）　　图4.16　某博物馆库房陶瓷类文物柜架（六）

四、存放方式

（一）装匣存放

文物囊匣已经被公认为是馆藏珍贵文物预防性保护的关键之一。参与此次问卷调查的87家湖北省国有博物馆，陶瓷类文物专用囊匣使用情况见表4.6。其中，61家博物馆未使用专用囊匣，1家博物馆全部陶瓷类文物使用专用囊匣存放，10家博物馆定级文物使用专用囊匣存放，15家博物馆部分陶瓷类文物使用专用囊匣存放，5家博物馆已定制囊匣但未装匣。

表4.6　陶瓷类文物专用囊匣使用情况表

陶瓷类文物专用囊匣	博物馆数量	所占比例
未使用	61	70.11%
全部使用	1	1.15%
定级文物使用	6	6.90%

续表4.6

陶瓷类文物专用囊匣	博物馆数量	所占比例
定级文物使用、部分使用	2	2.30%
定级文物使用、已定制囊匣但未装匣	1	1.15%
定级文物使用、部分使用、 已定制囊匣但未装匣	1	1.15%
部分使用	12	13.79%
已定制囊匣但未装匣	3	3.45%

由此可知，绝大多数博物馆未使用起独立保护作用的囊匣来存放陶瓷类文物，未来要加紧囊匣制作方案的编制工作。

湖北省部分国有博物馆库房实地考察情况如下：

（1）部分陶瓷类文物使用囊匣存放（图4.17）。

（2）全部陶瓷类文物使用囊匣存放（图4.18）。

图4.17　某博物馆库房陶瓷类文物存放情况　　图4.18　某博物馆库房珍贵陶瓷类文物存放情况

（3）定级文物使用囊匣存放，例如武汉博物馆使用传统囊匣存放清代青花松竹梅纹琵琶樽（图4.19），辛亥革命武昌起义纪念馆使用无酸纸囊匣存放彭汉遗赠孙中山粉彩八角花盆（图4.20）。

图4.19　使用传统囊匣存放的清代青花松竹梅纹琵琶樽

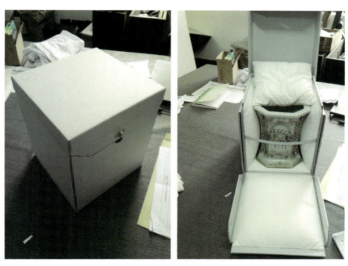

图4.20　使用无酸纸囊匣存放的彭汉遗赠孙中山粉彩八角花盆

（4）虽未使用囊匣存放，但武汉博物馆采取了独立的防震、防碰、防滑措施（图4.21），这种方式值得推广。

图4.21　武汉博物馆库房陶瓷类文物存放情况

（二）存放情况

　　参与此次问卷调查的87家湖北省国有博物馆，陶瓷类文物存放情况见表4.7。由表4.7可知，29家博物馆陶瓷类文物单独存放，其中14家博物馆对部分陶瓷类文物进行分类存放，13家博物馆对全部陶瓷类文物进行分类存放，2家博物馆未对陶瓷类文物进行分类存放；30家博物馆没有对陶瓷类文物进行单独存放，其中12家博物馆对部分陶瓷类文物进行分类存放，6家博物馆对全部陶瓷类文物进行分类存放，12家博物馆未对陶瓷类文物进行分类存放；28家博物馆对部分陶瓷类文物进行单独存放，其中25家博物馆对部分陶瓷类文物进行分类存放，1家博物馆对全部陶瓷类文物进行分类存放，2家博物馆未对陶瓷类文物进行分类存放。

表4.7　陶瓷类文物存放情况表

陶瓷类文物是否单独存放	部分分类存放博物馆数量	全部分类存放博物馆数量	全部未分类存放博物馆数量	总计
是	14	13	2	29
否	12	6	12	30
部分	25	1	2	28
总计	51	20	16	87

由此可知，约三分之二的博物馆没有做到陶瓷类文物单独存放，增加了管理上的难度和安全隐患。

　　湖北省部分国有博物馆库房实地考察情况如下：

　　（1）陶瓷类文物单独整齐摆放（图4.22）。

　　（2）陶瓷类文物存在叠加摆放的情况（图4.23）。

图4.22　某博物馆库房部分陶瓷类文物的
　　　　　摆放情况（一）

图4.23　某博物馆库房部分陶瓷类文物的
　　　　　摆放情况（二）

　　（3）陶瓷类文物与其他文物混合摆放（图4.24）。

　　（4）陶瓷类文物随地摆放（图4.25）。

图4.24　某博物馆库房部分陶瓷类文物的
　　　　　摆放情况（三）

图4.25　某博物馆库房部分陶瓷类文物的
　　　　　摆放情况（四）

（三）分类存放标准

参与此次问卷调查的87家湖北省国有博物馆，有69家博物馆对全部或部分陶瓷类文物进行分类存放，分类存放标准包括：按文物分类号顺序存放，根据出土墓葬分类存放，根据来源分类存放，根据年代分类存放，根据器型分类存放，根据质地分类存放，按照定级文物与一般文物分开存放，具体情况详见表4.8。

表4.8　陶瓷类文物分类存放标准情况表

分类存放标准	博物馆数量
按文物分类号顺序存放	1
根据出土墓葬分类存放	5
根据出土墓葬分类存放、根据来源分类存放	8
根据出土墓葬分类存放、根据年代分类存放	2
根据出土墓葬分类存放、根据器型分类存放	3
根据出土墓葬分类存放、根据器型分类存放、根据来源分类存放	1
根据来源分类存放	10
根据来源分类存放、根据器型分类存放	4
根据年代分类存放	6
根据年代分类存放、根据出土墓葬分类存放、根据来源分类存放	1
根据年代分类存放、根据出土墓葬分类存放、根据器型分类存放	1
根据年代分类存放、根据器型分类存放	1
根据器型分类存放	20
根据质地分类存放	1
按照定级文物与一般文物分开存放	1

由此可知，各博物馆基于各自藏品特点不同，其分类存放标准各有不同，只要便于管理就是合适的。

湖北省部分国有博物馆库房实地考察情况如下：

（1）根据质地分类存放（图4.26）。

（2）根据来源分类存放（图4.27）。

图4.26 某博物馆库房陶瓷类文物根据质地 分类存放

图4.27 某博物馆库房陶瓷类文物根据来源 分类存放

（3）根据器型分类存放（图4.28）。

（4）定级陶瓷类文物单独存放（图4.29）。

图4.28 某博物馆库房陶瓷类文物根据器型 分类存放

图4.29 某博物馆库房定级陶瓷类文物 单独存放

（5）根据年代分类存放（图4.30）。

图4.30　某博物馆库房陶瓷类文物根据年代分类存放

第二节　保护状况

一、保存现状

根据对第一次全国可移动文物普查数据中病害情况的抽样统计分析可知，湖北省国有博物馆馆藏陶瓷类文物的保存状况，具有破损数量大、复合型病害多的特点。

湖北省部分国有博物馆库房实地考察情况如下：

（1）陶器几乎没有完整的，破损情况严重（图4.31）。

图4.31　某博物馆陶瓷类文物藏品（一）

（2）彩绘陶、早期瓷器（图4.32）、三彩釉陶（图4.33）等器物的胎、釉、彩、型的稳定性差，亟待保护。

图4.32　某博物馆陶瓷类文物藏品（二）

图4.33　某博物馆陶瓷类文物藏品（三）

（3）大型器物破损严重，容易出现缺失现象（图4.34、图4.35）。

图4.34　某博物馆陶瓷类文物藏品（四）　　　图4.35　某博物馆陶瓷类文物藏品（五）

（4）陶瓷类文物摆放方式存在安全隐患（图4.36）。

图4.36　某博物馆库房部分陶瓷类文物的摆放方式

（5）陶瓷类文物修复不当情况普遍，从而对文物造成二次伤害（图4.37至图4.40）。

 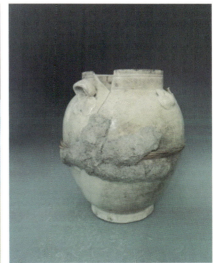

图4.37　某博物馆陶瓷类文物藏品（六）　图4.38　某博物馆陶瓷类文物藏品（七）

图4.39　某博物馆陶瓷类文物藏品（八）　　图4.40　某博物馆陶瓷类文物藏品（九）

二、保护现状

　　湖北省国有博物馆馆藏陶瓷类文物保护修复项目情况见表4.9。由表4.9可知，目前湖北省仅有6家博物馆实施了陶瓷类文物保护修复项目，另有6家博物馆正在申报陶瓷类文物保护修复项目。6家博物馆实施的陶瓷类文物保护修复项目共投入经费544.13万元，其中地方财政经费投入1.43万元，省级财政经费投入83.00万元，国家财政经费投入459.70万元。

表4.9　陶瓷类文物保护修复项目情况表

实施陶瓷类文物保护修复项目的博物馆	地方财政经费投入（万元）	省级财政经费投入（万元）	国家财政经费投入（万元）	总计（万元）
荆州博物馆	0	0	326.00	326.00
枝江市博物馆	0	0	7.00	7.00
云梦县博物馆	0	83.00	0	83.00
荆门市博物馆	0	0	91.00	91.00
英山县博物馆	0	0	35.70	35.70
嘉鱼县博物馆	1.43	0	0	1.43
总计（万元）	1.43	83.00	459.70	544.13

　　湖北省国有博物馆馆藏陶瓷类文物保护修复情况见表4.10。由表4.10可知，湖北省共有11家博物馆进行了陶瓷类文物保护修复，共修复陶瓷类文物740件/套，其中一级文物9件/套，二级文物10件/套，三级文物119件/套，一般文物602件/套。

表4.10　陶瓷类文物保护修复情况表

进行陶瓷类文物保护修复的博物馆	一级文物（件/套）	二级文物（件/套）	三级文物（件/套）	一般文物（件/套）	总计（件/套）
武汉市中山舰博物馆	2	1	3	103	109
荆州博物馆	0	2	82	51	135
枝江市博物馆	0	0	0	9	9
十堰市郧阳博物馆	0	0	14	47	61
郧西县博物馆	0	0	0	82	82
大悟县革命博物馆	0	1	4	139	144
云梦县博物馆	6	4	4	48	62
英山县博物馆	1	2	12	20	35
嘉鱼县博物馆	0	0	0	40	40
随县博物馆（随县考古队）	0	0	0	63	63
总计（件/套）	9	10	119	602	740

　　待保护修复的陶瓷类文物情况见表4.11。由表4.11可知，湖北省目前有20家博物馆的陶瓷类文物需要进行保护修复，待保护修复陶瓷类文物共5922件/套，其中一级文物6件/套，二级文物137件/套，三级文物1203件/套，一般文物4576件/套。

表4.11　待保护修复的陶瓷类文物情况表

有待保护修复陶瓷类文物的博物馆	一级文物（件/套）	二级文物（件/套）	三级文物（件/套）	一般文物（件/套）	总计（件/套）
武汉市中山舰博物馆	1	0	0	1	2
武汉市盘龙城遗址博物院	0	0	0	100	100
老河口市博物馆	0	1	3	67	71
荆州博物馆	0	0	93	47	140
宜都市博物馆	0	2	40	195	237
宜昌市夷陵区博物馆	0	0	0	20	20
武当山旅游经济特区博物馆	1	0	0	32	33

续表4.11

有待保护修复陶瓷类文物的博物馆	一级文物（件/套）	二级文物（件/套）	三级文物（件/套）	一般文物（件/套）	总计（件/套）
丹江口市博物馆	0	6	40	654	700
十堰市郧阳博物馆	0	0	0	45	45
郧西县博物馆	0	0	1	45	46
大悟县革命博物馆	0	0	1	0	1
安陆市博物馆	0	0	12	124	136
荆门市博物馆	0	15	102	93	210
京山市博物馆	0	0	19	65	84
鄂州市博物馆	4	111	874	2946	3935
罗田县博物馆	0	2	16	30	48
嘉鱼县博物馆	0	0	0	20	20
通山县博物馆	0	0	0	39	39
随县博物馆（随县考古队）	0	0	0	3	3
宣恩县文化事业管理局（宣恩县民族博物馆）	0	0	2	50	52
总计（件/套）	6	137	1203	4576	5922

由此可知，较之其他类型文物，已经实施的陶瓷类文物保护修复项目太少，而有陶瓷类文物保护修复需求的博物馆数量较大，今后应大力推进湖北省国有博物馆馆藏陶瓷类文物保护修复项目的实施。

三、保护修复人员情况

在保护修复人员情况方面，根据参与此次问卷调查的87家湖北省国有博物馆的统计分析可知，有26家博物馆具有具备陶瓷类文物保护修复能力的专业人员，共计58人，详见表4.12。

表4.12　保护修复人员统计表

序号	博物馆	修复人员数量
1	湖北省博物馆	3
2	武汉博物馆	3
3	武汉市江夏区博物馆	3
4	武汉市盘龙城遗址博物院	1
5	襄阳市博物馆	3
6	宜城市博物馆	3
7	老河口市博物馆	5
8	谷城县博物馆	5
9	荆州博物馆	5
10	松滋市博物馆	1
11	秭归县屈原纪念馆	3
12	长阳土家族自治县博物馆	2
13	宜昌市夷陵区博物馆	1
14	十堰市博物馆	2
15	丹江口市博物馆	3
16	十堰市郧阳博物馆	2
17	郧西县博物馆	1
18	云梦县博物馆	2
19	荆门市博物馆	1
20	京山市博物馆	2
21	咸宁市博物馆	2
22	咸宁市咸安区博物馆	1
23	随州市博物馆	1
24	随县博物馆（随县考古队）	1
25	恩施州博物馆	1
26	天门市博物馆	1
	总计	58

　　然而实际情况是，以上统计的人员大多仅具备陶器保护修复能力，且只能对破损陶器进行基础性的粘接和补缺，几乎没有具备成熟瓷器保护修复能力的人员，他们亟须深入学习。

第三节　研究状况

　　根据问卷调查可知，87家湖北省国有博物馆中，目前仅湖北省博物馆完成了"江夏青山窑"与"湖北明代墓葬及出土瓷器研究"2个陶瓷类文物研究课题；8家博物馆出版了12种陶瓷类文物相关书籍，详见表4.13；6家博物馆发表了陶瓷类文物相关论文共计56篇，其中湖北省博物馆发表论文数量最多，有26篇，其次为武汉市江夏区博物馆，发表论文14篇，武汉博物馆发表论文8篇。

表4.13　已出版的陶瓷类文物相关书籍统计表

博物馆	已出版的陶瓷类文物相关书籍
湖北省博物馆	《中国出土瓷器全集》（湖北　湖南卷），丛书主编张柏，其中湖北卷主编王红星，湖南卷主编李建毛，于2008年在科学出版社出版发行
	《中国民间收藏陶瓷大系》（湖北　湖南卷），丛书主编罗伯健，分卷主编李建毛，于2018年在河北美术出版社出版发行
武汉博物馆	《武汉馆藏文物精粹》，刘庆平主编，于2006年在武汉出版社出版发行
武汉市江夏区博物馆	《武汉市江夏区博物馆馆藏文物精选图集》，刘治云主编，于2017年在武汉出版社出版发行
鄂州市博物馆	《古武昌六朝文物揽珍》，秦昌林、徐劲松主编，于2016年在湖北美术出版社出版发行
	《鄂州馆藏文物精品图录》，主编饶浩洲，执行主编丁堂华，于2015年在湖北美术出版社出版发行

续表4.13

博物馆	已出版的陶瓷类文物相关书籍
荆州博物馆	《肖家屋脊》（上、下册），湖北省荆州博物馆、湖北省文物考古研究所、北京大学考古学系、石家河考古队联合编写，于1999年在文物出版社出版发行
	《荆州荆南寺》，荆州博物馆编著，于2009年在文物出版社出版发行
	《谭家岭》，湖北省荆州博物馆、湖北省文物考古研究所、北京大学考古学系、石家河考古队联合编写，于2011年在文物出版社出版发行
长阳土家族自治县博物馆	《清江考古》，湖北省清江隔河岩考古队、湖北省文物考古研究所编著，王善才主编，于2004年在科学出版社出版发行
武当山旅游经济特区博物馆	《太和武当》，李发平编，于2011年在文物出版社出版发行
郧西县博物馆	《秦楚珍萃——十堰市珍贵文物图录》，十堰市文物局编，于2015年在长江出版社出版发行

由此可知，目前湖北省国有博物馆有关陶瓷类文物的研究成果具有以下特点：一是相比湖北省博物馆数量，成果数量较少；二是多为本体描述性成果，缺乏对器物出土墓葬、产地、工艺等方面的研究，没有对文物价值进行深入挖掘；三是在全国范围内具有影响力的成果较少。

第四节　活化状况

一、展陈情况

根据问卷调查可知，87家湖北省国有博物馆馆藏的71 731件/套陶器类文物中，用于陈列展览的陶器类文物有3447件/套，陶器类文物展陈数量占比为4.81%；馆藏的37 316件/套瓷器类文物中，用于陈列展览的瓷器类文物有1957件/套，瓷器类文物展陈数量占比为5.24%（表4.14）。其中，武汉博物馆、荆州博物馆、石首市博物馆、鄂州市博物馆运用了多媒体等方式对陶瓷类文物进行展示。

表4.14　陶瓷类文物展陈数量统计表

序号	博物馆	陶器类文物			瓷器类文物		
		馆藏数量（件/套）	展陈数量（件/套）	展陈数量占比	馆藏数量（件/套）	展陈数量（件/套）	展陈数量占比
1	湖北省博物馆	3168	299	9.44%	3764	151	4.01%
2	辛亥革命武昌起义纪念馆	6	0	0.00%	182	0	0.00%
3	湖北明清古建筑博物馆	0	0	—	1629	0	0.00%
4	武汉博物馆	1277	92	7.20%	4031	196	4.86%
5	武汉市中山舰博物馆	24	0	0.00%	651	27	4.15%
6	武汉革命博物馆	2	0	0.00%	21	0	0.00%
7	八路军武汉办事处旧址纪念馆	0	0	—	20	20	100.00%
8	辛亥革命博物馆	0	0	—	30	11	36.67%
9	武汉市蔡甸区博物馆	17	2	11.76%	182	43	23.63%

序号	博物馆	陶器类文物			瓷器类文物		
		馆藏数量（件/套）	展陈数量（件/套）	展陈数量占比	馆藏数量（件/套）	展陈数量（件/套）	展陈数量占比
10	武汉市汉南区博物馆	3	0	0.00%	125	7	5.60%
11	武汉市江夏区博物馆	141	14	9.93%	1272	32	2.52%
12	武汉市新洲区文物管理所	187	60	32.09%	171	70	40.94%
13	武汉市黄陂区博物馆	233	29	12.45%	258	47	18.22%
14	武汉市晴川阁管理处	14	0	0.00%	40	0	0.00%
15	武汉市盘龙城遗址博物院	1189	320	26.91%	76	17	22.37%
16	江汉关博物馆	0	0	—	44	12	27.27%
17	黄石市博物馆	188	18	9.57%	812	0	0.00%
18	大冶市博物馆	244	16	6.56%	382	33	8.64%
19	阳新县博物馆	438	29	6.62%	407	11	2.70%
20	襄阳市博物馆	11 534	95	0.82%	1024	33	3.22%
21	宜城市博物馆	197	7	3.55%	123	0	0.00%
22	老河口市博物馆	910	0	0.00%	105	0	0.00%
23	南漳县博物馆	119	0	0.00%	134	0	0.00%
24	枣阳市博物馆	120	0	0.00%	160	0	0.00%
25	谷城县博物馆	596	50	8.39%	167	20	11.98%
26	保康县博物馆	64	14	21.88%	41	9	21.95%
27	荆州博物馆	24 738	169	0.68%	2632	71	2.70%
28	监利县革命历史博物馆	45	1	2.22%	269	4	1.49%
29	荆州市荆州区博物馆	2365	0	0.00%	134	0	0.00%

续表4.14

序号	博物馆	陶器类文物			瓷器类文物		
		馆藏数量（件/套）	展陈数量（件/套）	展陈数量占比	馆藏数量（件/套）	展陈数量（件/套）	展陈数量占比
30	江陵县博物馆	23	0	0.00%	3	0	0.00%
31	公安县博物馆	228	0	0.00%	74	0	0.00%
32	石首市博物馆	266	78	29.32%	413	36	8.72%
33	洪湖革命历史博物馆	474	7	1.48%	837	30	3.58%
34	松滋市博物馆	237	0	0.00%	249	0	0.00%
35	宜都市博物馆	709	163	22.99%	257	52	20.23%
36	枝江市博物馆	2436	72	2.96%	431	0	0.00%
37	秭归县屈原纪念馆	141	0	0.00%	689	0	0.00%
38	当阳市博物馆	411	0	0.00%	74	0	0.00%
39	长阳土家族自治县博物馆	1406	293	20.84%	201	35	17.41%
40	远安县博物馆	27	5	18.52%	38	15	39.47%
41	兴山县民俗博物馆	12	0	0.00%	93	0	0.00%
42	宜昌市夷陵区博物馆	22	0	0.00%	20	0	0.00%
43	十堰市博物馆	178	102	57.30%	180	21	11.67%
44	武当山旅游经济特区博物馆	121	44	36.36%	40	8	20.00%
45	丹江口市博物馆	569	90	15.82%	341	49	14.37%
46	十堰市郧阳博物馆	363	35	9.64%	294	8	2.72%
47	郧西县博物馆	212	63	29.72%	83	10	12.05%
48	房县博物馆	527	27	5.12%	36	6	16.67%
49	竹山县博物馆	82	25	30.49%	31	18	58.06%

续表4.14

序号	博物馆	陶器类文物			瓷器类文物		
		馆藏数量（件/套）	展陈数量（件/套）	展陈数量占比	馆藏数量（件/套）	展陈数量（件/套）	展陈数量占比
50	孝感市博物馆	278	8	2.88%	609	10	1.64%
51	大悟县革命博物馆	70	0	0.00%	73	0	0.00%
52	孝感市孝南区博物馆	355	26	7.32%	174	0	0.00%
53	汉川市博物馆	114	10	8.77%	108	17	15.74%
54	应城市博物馆	95	28	29.47%	225	39	17.33%
55	云梦县博物馆	834	98	11.75%	85	19	22.35%
56	安陆市博物馆	319	0	0.00%	154	0	0.00%
57	孝昌县博物馆	287	28	9.76%	62	4	6.45%
58	荆门市博物馆	1885	27	1.43%	390	2	0.51%
59	钟祥市博物馆	185	19	10.27%	466	42	9.01%
60	京山市博物馆	231	41	17.75%	195	31	15.90%
61	鄂州市博物馆	2861	75	2.62%	5100	145	2.84%
62	黄冈市博物馆	637	189	29.67%	577	19	3.29%
63	武穴市博物馆	200	8	4.00%	414	17	4.11%
64	麻城市乘马会馆纪念馆	0	0	—	2	2	100.00%
65	英山县博物馆	147	0	0.00%	371	0	0.00%
66	黄梅县博物馆	1018	115	11.30%	608	109	17.93%
67	麻城市革命博物馆	124	20	16.13%	638	98	15.36%
68	蕲春县博物馆	253	15	5.93%	1092	18	1.65%
69	团风县博物馆	7	7	100.00%	212	18	8.49%
70	罗田县博物馆	251	0	0.00%	224	0	0.00%
71	红安县博物馆	118	0	0.00%	204	0	0.00%

续表4.14

序号	博物馆	陶器类文物			瓷器类文物		
		馆藏数量（件/套）	展陈数量（件/套）	展陈数量占比	馆藏数量（件/套）	展陈数量（件/套）	展陈数量占比
72	咸宁市博物馆	384	49	12.76%	184	21	11.41%
73	赤壁市博物馆	790	45	5.70%	317	20	6.31%
74	咸宁市咸安区博物馆	114	42	36.84%	234	85	36.32%
75	嘉鱼县博物馆	35	35	100.00%	27	27	100.00%
76	通城县博物馆	164	29	17.68%	207	5	2.42%
77	崇阳县博物馆	31	10	32.26%	101	18	17.82%
78	通山县博物馆	22	1	4.55%	216	45	20.83%
79	随州市博物馆	2499	137	5.48%	160	0	0.00%
80	随县博物馆（随县考古队）	54	31	57.41%	33	0	0.00%
81	广水市博物馆	205	20	9.76%	96	0	0.00%
82	恩施州博物馆	384	41	10.68%	206	16	7.77%
83	宣恩县文物事业管理局（宣恩民族博物馆）	23	0	0.00%	31	0	0.00%
84	仙桃市博物馆	2	0	0.00%	13	0	0.00%
85	潜江市曹禺祖居博物馆	8	0	0.00%	79	0	0.00%
86	天门市博物馆	478	70	14.64%	158	10	6.33%
87	神农架自然博物馆	6	4	66.67%	1	1	100.00%
	总计	71 731	3447	4.81%	37 316	1957	5.24%

　　上述87家湖北省国有博物馆中，有2家博物馆的展厅实现了预防性保护，7家博物馆部分展厅实现了预防性保护，1家博物馆正在申报实施展厅预防性保护，其余77家博物馆的展厅均未实现预防性保护。

　　目前有8家博物馆设有陶瓷类文物专题展，详见表4.15。

表4.15　陶瓷类文物专题展统计表

序号	博物馆	陶瓷类文物专题展	展厅面积（m²）
1	湖北省博物馆	土与火的艺术	500
2	武汉博物馆	中国古代陶瓷艺术陈列	400
3	武汉市江夏区博物馆	江夏出土历史文物展	300
4	谷城县博物馆	谷城出土文物精粹	200
5	荆州博物馆	江汉平原原始文化展	—
6	宜都市博物馆	宜都原始社会出土文物展览； 馆藏精品文物展览； 两汉三国文物展	600
7	孝感市博物馆	中国民窑马口窑	360
8	鄂州市博物馆	以武而昌·三国历史文化陈列； 鄂地古韵·鄂楚历史文化陈列	1375

根据问卷调查可知，87家湖北省国有博物馆馆藏陶瓷类文物对外交流情况见表4.16。由表4.16可知，2010年之前，有2家博物馆举办过陶瓷类文物对外交流展；2010—2015年之间，有7家博物馆举办过陶瓷类文物对外交流展；2015年之后，有10家博物馆举办过陶瓷类文物对外交流展。其中，8家博物馆与省内博物馆有过展览交流，2家博物馆与省外博物馆有过展览交流，4家博物馆与省内、省外博物馆均有过展览交流。

表4.16　陶瓷类文物对外交流展统计表

展览时间	博物馆数量
2010 — 2015年之间	4
2010 — 2015年之间、2015年之后	1
2010年之前、2010 — 2015年之间、2015年之后	2
2015年之后	7

由此可知，湖北省国有博物馆馆藏陶瓷类文物陈展利用率极低，可能的原因有：一是陶瓷类文物专项研究较少，可利用空间有限；二是陶瓷类文物破损较多，不宜展陈。

湖北省部分国有博物馆展厅实地考察情况如下：

（1）展览说明内容存在错误现象（图4.41所示陶瓷类文物展品，展览说明中"年代"信息有误）。

（2）展览说明简单，信息量少，有的甚至没有说明（图4.42）。

图4.41　某博物馆展厅陶瓷类文物展品（一）

图4.42　某博物馆展厅陶瓷类文物展品（二）

二、文创开发情况

根据问卷调查可知，87家湖北省国有博物馆中，仅湖北省博物馆和鄂州市博物馆有针对陶瓷类文物的文创开发，详见表4.17。

表4.17　文创开发情况统计表

博物馆	文创内容
湖北省博物馆	元青花四爱图梅瓶的复制品
	元青花龙纹梅瓶的复制品
鄂州市博物馆	2016年，于武昌青瓷文化陈列厅进行青少年陶瓷器手工烧制活动

由此可知，目前湖北省国有博物馆针对陶瓷类文物的文创开发工作较少。

第五节　发 展 探 讨

一、发展趋势

　　新时代的文物保护工作已经不能只停留在"保护为主、抢救第一"的基本点上，还要满足广大人民群众更深刻、更高级的精神需求，要让他们感受到中国历史和文化的美好。《关于加强文物保护利用改革的若干意见》中指出："党的十八大以来，在以习近平同志为核心的党中央坚强领导下，各地区各部门扎实推进文物工作，文物事业取得显著进步。当前，面对新时代新任务提出的新要求，文物保护利用不平衡不充分的矛盾依然存在，文物资源促进经济社会发展作用仍需加强……"文物保护工作的主要任务包括："创新文物价值传播推广体系……实施中华文物全媒体传播计划，发挥政府和市场作用，用好传统媒体和新兴媒体，广泛传播文物蕴含的文化精髓和时代价值，更好构筑中国精神、中国价值、中国力量"；"大力推进文物合理利用……盘活用好国有文物资源。支持社会力量依法依规合理利用文物资源，提供多样化多层次的文化产品与服务"。

　　这就使文物保护工作内容由原先的"保护—抢救"发展为"保护—抢救—利用"。具体到陶瓷类文物的保护工作，就是要深入挖掘其文物价值，并通过多种形式展现出来；对陶瓷类文物进行的修复工作，在满足稳定性要求的同时，应尽力恢复其原有的文物信息和艺术魅力。

二、存在的问题及建议措施

　　对照新时代新任务提出的新要求，湖北省国有博物馆在陶瓷类文物的保护利用过程中也存在一些问题。存在的具体问题及建议措施如下：

1.湖北省国有博物馆陶瓷类文物专业技术人员数量少，业务水平参差不齐，特别是县级国有博物馆技术人员业务水平有待提高。

（1）藏品研究缺乏。实地调查和问卷调查显示，湖北省国有博物馆中，仅湖北省博物馆相关技术人员对其陶瓷类文物藏品的研究比较深入，出版的陶瓷类文物相关著作都具有较高水准。而其他各国有博物馆相关技术人员都只是停留在确保藏品不出安全问题的基本要求上，没有对陶瓷类文物进行深入研究，他们普遍表达了希望得到业务指导的诉求。

（2）藏品档案不全。实地调查的21家博物馆中，只有湖北省博物馆、武汉博物馆、宜昌博物馆这3家博物馆的陶瓷类文物档案完整、详细。其他各国有博物馆只是台账保管完整，但对某一件陶瓷类文物入藏之前的状况缺乏调查和记录。如器物出土时的外观、出土墓葬特点、同墓葬其他文物的状况等皆不清楚，仅凭参与者的回忆才能追溯。

（3）陶瓷类文物保护修复人员匮乏。实地调查和问卷调查显示，湖北省128家国有博物馆中，只有26家博物馆配备有陶瓷类文物保护修复人员，占比为16.4%，且这些陶瓷类文物保护修复人员只能对破损陶器进行基础性的粘接和补缺。

（4）展陈水平有待提高。实地调查和问卷调查显示，省市一级国有博物馆的陶瓷类文物展陈水平普遍较高，可采用图片、文字甚至现代化虚拟技术辅助实物进行展示；而县级国有博物馆只有简单的铭牌说明，且存在命名不规范，甚至错误的情况。

建议创新人才培养模式，采用上下联动模式（图4.43），鼓励专业技术人员下基层对陶瓷类文物的保管、研究、保护、修复、展陈工作进行传帮带的同时，为基层技术人员到专业机构学习或参与相关项目提供便利，以提升基层技术人员的整体业务水平。图4.44、图4.45所示分别为湖北省文物交流信息中心修复的英山县博物馆与襄阳市博物馆瓷器。

图4.43 湖北省文物交流信息中心设立古陶瓷保护修复襄阳基地

图4.44 英山县博物馆瓷器

图4.45 襄阳市博物馆瓷器

2.湖北省国有博物馆已经实施的陶瓷类文物预防性保护、本体保护修复项目较少，致使陶瓷类文物的保管与保护水平滞后。

问卷调查显示，87家湖北省国有博物馆中，有38家博物馆库房没有实现预防性保护，占比43.68%，部分实现和正在申报的有40家，全部实现预防性保护的只有9家。

　　许多破损陶瓷类文物极具价值，只因破损而没有达到定级标准，经本体修复后可定级，以丰富展陈及利用途径（图4.46、图4.47）。问卷调查显示，87家湖北省国有博物馆中，已经得到保护修复的陶瓷类文物有740件/套，而亟待保护修复的陶瓷类文物有5922件/套。

图4.46　罗田县博物馆宋青白釉注子及温碗

图4.47　英山县博物馆宋青白釉瓜棱执壶修复前后对比图

建议全面推进湖北省陶瓷类文物预防性保护、本体保护修复项目的制订和实施，以改善各博物馆馆藏陶瓷类文物的保管与保护状况。现阶段可推广武汉博物馆陶瓷类文物的存放方式（图4.21），亦能有效保护陶瓷类文物。

3.缺乏对楚国彩绘陶、早期青瓷等，具有湖北特色、存量较大、病害情况严重且亟待保护的陶瓷类文物的保护修复专项研究。

（1）目前荆州博物馆还没有形成成熟的楚国彩绘陶的保护修复技术方案（图4.48），只是借鉴陕西秦始皇帝陵博物院针对秦始皇兵马俑的修复技术，对楚国彩绘陶进行保护修复工作，但由于地域不同、时代不同、工艺不同，也不可完全照搬。目前，对楚国彩绘陶的工艺研究、原材料化学组成分析、专属修复方案的制订等都存在空白。

图4.48　荆州博物馆楚国彩绘陶保护修复室

（2）对于东汉至两晋时期的早期青瓷制品，目前也没有成熟的保护修复方案，鄂州市博物馆及湖北省其他国有博物馆的此类藏品都存在脱釉、胎体粉质化、残损严重等亟待根除的病害（图4.49）。

图4.49　鄂州市博物馆病害严重的早期青瓷

　　建议开展针对楚国彩绘陶、早期青瓷等，具有湖北特色、存量较大、病害情况严重且亟待保护的陶瓷类文物的保护修复专项研究。

　　4.湖北省国有博物馆有关陶瓷类文物的研究工作不够深入，限制了其利用价值的发挥。由问卷调查可知，87家湖北省国有博物馆中，目前仅湖北省博物馆完成有2个陶瓷类文物研究课题，8家博物馆出版了12种陶瓷类文物相关书籍，6家博物馆发表了陶瓷类文物相关论文56篇。作为陶瓷类文物资源大省，成果数量不算多，且多为器物描述性成果，对陶瓷类文物价值的研究不够深入。

　　建议深化湖北省陶瓷类文物的研究工作，从其产地、工艺、功能、来源、使用环境及发现地历史发展特点等方面着手挖掘其更大利用价值。

　　5.湖北省陶瓷类文物的利用研究，与"一带一路"、长江经济带发展、汉江生态经济带发展等国家战略和"万里茶道"申遗等大型项目的结合不够深入，其利用范围仅限于文博领域。

　　首先，在中国传统艺术中，陶瓷是产生最早、流传最久远、体系最复杂的一种艺术形态。不仅如此，陶瓷也是与历代风俗、生活、礼教、科技等关系最密切的一种艺术品。其实，陶瓷在中国传统文化体系中的重要性还不止如此。其他的艺术形态，有的时候只能满足一部分人的要求，如宗教人士、士大夫、皇室成员等特殊的对象，而陶瓷由于和器用有关，往往能流通于各个阶层之中。加之中国幅员辽阔，各地区的土质、釉药和燃料都不同，因此生产出来的陶瓷也各具特色，地域性风格很强。

其次，在国内贸易和对外贸易上，陶瓷所占的地位也相当重要。国内流通姑且不谈，我国古代与西方的交通要道，最重要的有三大通路：西出玉门，经中亚往西方的丝绸之路；出葱岭而南下的取经之路；由南方沿海诸省，经东南亚、阿拉伯半岛往北非的海上通道，则被研究文化交流史的学者称为陶瓷之路。陶瓷外销对我国古代社会的经济活动也有相当重大的贡献，这点也是其他艺术形态所不可能达到的层次。

所以陶瓷类文物为当前政治、经济、文化服务的空间还很大，需要研究人员在这方面进行深入研究。

近年来全国其他地方的博物馆在这方面取得了大量成果。如2016年景德镇中国陶瓷博物馆联合北京归来投资有限公司举办了"归来·丝路瓷典"展览活动，并举行了"一带一路"古代外销瓷研讨会（图4.50）。

图4.50　"一带一路"古代外销瓷研讨会现场图

　　建议深入研究"一带一路"、长江经济带发展、汉江生态经济带发展等国家战略和"万里茶道"申遗等大型项目，分析湖北省陶瓷类文物资源与它们之间的相互关系，并加强与其他省文博机构的交流，以开辟湖北省陶瓷类文物利用新途径。

　　6.湖北省陶瓷类文物资源缺乏统筹利用机制。

　　近几年来，全国大型文博机构策划、推出的陶瓷类文物展览具有以下特点：

　　（1）在全国甚至全世界范围内征集展品，以推动陶瓷某一领域研究的新发展，由此产生极大的学术和社会影响力。例如，2012年年底至2013年年初上海博物馆举办的"幽蓝神采——元代青花瓷器大展"（图4.51），2017年浙江省博物馆举办的"青色流年——全国出土浙江纪年瓷特展"等。

图4.51　上海博物馆举办的"幽蓝神采——元代青花瓷器大展"

　　（2）与历史文化深入结合，以彰显中国陶瓷的巨大作用。例如，2015年浙江省博物馆举办的"中兴纪胜——南宋风物观止"展，2016年广东省博物馆举办的"相看两不厌——馆藏明清瓷画与绘画展"（图4.52），2018年安徽省博物馆举办的"幽香氤氲——香品·香具·香文化展"等。

图4.52 广东省博物馆举办的"相看两不厌——馆藏明清瓷画与绘画展"

（3）与特定人群生活密切相关，从而产生强烈的社会共鸣。例如，2016年广东省博物馆举办的"文物动物园——儿童专题展"（图4.53）等。

图4.53 广东省博物馆举办的"文物动物园——儿童专题展"

　　湖北省陶瓷类文物资源具有品种丰富、特点突出的优势，亟待开发利用。湖北省国有博物馆馆藏的陶瓷类文物几乎涵盖中国陶瓷发展史上各个时期的典型器物，而且还有荆州博物馆馆藏的楚国彩绘陶及清早期将军罐、鄂州市博物馆馆藏的早期青瓷、巴东县博物馆馆藏的北宋瓷器、蕲春县博物馆馆藏的南宋瓷器、襄阳市博物馆馆藏的北方窑口瓷器、湖北省博物馆和武汉博物馆馆藏的明清瓷器精品等特色藏品，完全有展陈的创新空间。

　　建议统筹湖北省陶瓷类文物资源，鼓励学术创新，举办能体现湖北特色、湖北精神的陶瓷类文物展览和公益活动。2019年湖北省重点文物保护专项资金支持策划筹备的"四方汇集——湖北省陶瓷文物精品展"，就是一个好的开端。

　　7.对外合作偏少，社会资源利用率低。

　　各博物馆可充分利用高校和其他专业机构的资源、技术和人才优势，以提升自身的专业能力。例如，2017年湖北省文物交流信息中心与湖北工业大学签订战略合作协议，并于当年联合起来成功申报2018年度国家艺术基金"古陶瓷修复青年人才培养"项目（图4.54）；湖北省文物交流信息中心与中国（海南）南海博物馆签订出水陶瓷器保护修复研究工作战略协议（图4.55），对该馆出水的大量陶瓷器进行保护修复研究工作。

图4.54　"古陶瓷修复青年人才培养"项目　　　　图4.55　湖北省文物交流信息中心与中国
　　　　　　　　　　　　　　　　　　　　　　　　　　　　（海南）南海博物馆签订战略协议

建议各博物馆加强与高校和其他专业机构的联系，建立战略合作关系，共同推进湖北省国有博物馆馆藏陶瓷类文物的保护利用工作。

8.调查过程中发现，第一次全国可移动文物普查信息不能全面反映湖北省陶瓷类文物资源实际状况。

（1）有些陶瓷类文物在命名和年代的确定上存在不规范，甚至错误现象。例如，"清哥釉盘口瓶"被误写成"清哥窑盘口瓶"，"清蓝釉香炉"被误写成"清兰釉香炉"等。

（2）有些重要的陶瓷类文物的相关信息没有在全国可移动文物信息登录平台中录入。例如，湖北省博物馆馆藏的元青花四爱图梅瓶、元青花云龙梅瓶、元青花莲池纹玉壶春瓶等，均为湖北省博物馆代管，所有权暂不明确，导致原藏馆与现藏馆都没有录入相关文物信息。

（3）在各地考古所或博物馆文物整理室存放有大量没有移交、入库的出土（出水）陶瓷类文物，有的是因整理工作尚未结束，但也有的整理工作已经结束却仍滞留在相关人员手中，且量还不小，导致这一部分陶瓷类文物资源无法被有效利用。

建议湖北省级文物行政主管部门加强全省陶瓷类文物资源管理，组织专班对第一次全国可移动文物普查信息进行实时更新与核对，以提高数据利用价值；对收藏主体不明确，以及已经出土（出水）但尚未入藏的陶瓷类文物进行统计，规范管理，以丰富可利用的陶瓷类文物资源。

附录一
湖北省国有博物馆馆藏陶瓷类
文物数量统计表

序号	博物馆	瓷器类文物（件/套）	陶器类文物（件/套）	定级文物（件/套）				未定级文物（件/套）	合计（件/套）
				一级文物	二级文物	三级文物	一般文物		
1	湖北省博物馆	3764	3168	62	498	2613	3180	579	6932
2	辛亥革命武昌起义纪念馆	182	6	1	—	5	—	182	188
3	湖北明清古建筑博物馆	1629	—	—	45	1223	361	—	1629
4	武汉博物馆	4031	1277	9	128	3954	—	1217	5308
5	武汉市中山舰博物馆	651	24	3	9	9	598	56	675
6	武汉革命博物馆	21	2	—	—	9	—	14	23
7	八路军武汉办事处旧址纪念馆	16	—	—	—	—	—	16	16
8	武汉二七纪念馆	1	—	—	—	—	—	1	1
9	辛亥革命博物馆	30	—	—	—	1	21	8	30
10	武汉国民政府旧址纪念馆	36	—	—	—	—	—	36	36
11	詹天佑故居管理所	1	—	—	—	—	—	1	1
12	武汉市蔡甸区博物馆	182	17	—	4	144	—	51	199
13	武汉市汉南区博物馆	125	3	—	—	—	—	128	128

续表

序号	博物馆	瓷器类文物（件/套）	陶器类文物（件/套）	定级文物（件/套）				未定级文物（件/套）	合计（件/套）
				一级文物	二级文物	三级文物	一般文物		
14	武汉市江夏区博物馆	1272	141	3	14	385	—	1011	1413
15	武汉市新洲区文物管理所	171	187	1	8	92	—	257	358
16	武汉市黄陂区博物馆	258	233	—	12	129	325	25	491
17	武汉市晴川阁管理处	40	14	—	—	—	—	54	54
18	武汉市盘龙城遗址博物院	76	1189	—	3	126	—	1136	1265
19	长江文明馆	567	395	—	—	—	—	962	962
20	江汉关博物馆	44	—	—	—	—	—	44	44
21	黄石市博物馆	812	188	1	13	141	—	845	1000
22	大冶市博物馆	382	244	2	18	284	—	322	626
23	阳新县博物馆	407	438	—	12	141	—	692	845
24	大冶市铜绿山古铜矿遗址博物馆	4	40	—	—	—	—	44	44
25	大冶铁矿博物馆	—	1	—	—	—	—	1	1
26	大冶市南山头革命纪念馆	4	—	—	—	—	—	4	4
27	襄阳市博物馆	1024	11 534	4	48	423	1020	11 063	12 558
28	宜城市博物馆	123	197	—	4	63	—	253	320
29	老河口市博物馆	105	910	—	4	26	3	982	1015
30	南漳县博物馆	134	119	—	1	13	—	239	253
31	枣阳市博物馆	160	120	1	—	11	—	268	280
32	谷城县博物馆	167	596	—	1	60	1	701	763
33	保康县博物馆	41	64	1	—	—	1	103	105
34	荆州博物馆	2632	24 738	35	34	8618	670	18 013	27 370

续表

序号	博物馆	瓷器类文物（件/套）	陶器类文物（件/套）	定级文物（件/套）				未定级文物（件/套）	合计（件/套）
				一级文物	二级文物	三级文物	一般文物		
35	监利县革命历史博物馆	269	45	—	3	170	—	141	314
36	张居正纪念馆	161	48	—	—	—	—	209	209
37	荆州市荆州区博物馆	133	2366	—	—	—	—	2499	2499
38	江陵县博物馆	3	23	—	—	—	—	26	26
39	公安县博物馆	74	228	1	11	110	—	180	302
40	石首市博物馆	413	266	2	9	184	—	484	679
41	洪湖革命历史博物馆	837	474	—	1	410	—	900	1311
42	松滋市博物馆	249	237	—	24	146	93	223	486
43	宜昌博物馆	1389	4781	20	17	145	—	5988	6170
44	宜都市博物馆	257	709	7	4	70	10	875	966
45	枝江市博物馆	431	2436	3	8	38	—	2818	2867
46	秭归县屈原纪念馆	689	141	—	3	12	—	815	830
47	宜都市潘家湾土家族乡民俗文化博物馆	22	7	—	—	—	—	29	29
48	当阳市博物馆	74	411	—	2	37	—	446	485
49	当阳淯溪民俗博物馆	90	29	—	—	—	—	119	119
50	长阳土家族自治县博物馆	201	1406	1	3	170	—	1433	1607
51	远安县博物馆	38	27	1	2	5	—	57	65
52	五峰土家族自治县文物事业管理局	3	12	—	—	2	—	13	15
53	兴山县文物事业管理局	158	50	—	—	7	—	201	208

续表

序号	博物馆	瓷器类文物（件/套）	陶器类文物（件/套）	定级文物（件/套）				未定级文物（件/套）	合计（件/套）
				一级文物	二级文物	三级文物	一般文物		
54	兴山县民俗博物馆	93	12	—	—	—	—	105	105
55	宜昌市夷陵区博物馆	20	22	—	—	—	—	42	42
56	十堰市博物馆	180	178	—	3	10	—	345	358
57	武当山旅游经济特区博物馆	40	31	—	1	15	—	55	71
58	丹江口市博物馆	341	569	2	—	105	—	803	910
59	十堰市郧阳博物馆	294	363	1	6	52	3	595	657
60	郧西县博物馆	83	212	—	—	11	—	284	295
61	房县博物馆	36	527	1	—	8	—	554	563
62	竹山县博物馆	31	82	—	1	12	—	100	113
63	孝感市博物馆	609	278	—	—	—	867	20	887
64	大悟县革命博物馆	73	70	—	—	3	140	—	143
65	孝感市孝南区博物馆	174	355	—	—	3	—	526	529
66	汉川市博物馆	108	114	—	1	9	—	212	222
67	应城市博物馆	225	95	—	2	15	145	158	320
68	云梦县博物馆	85	834	12	17	115	775	—	919
69	安陆市博物馆	154	319	2	3	37	—	431	473
70	孝昌县博物馆	62	287	—	1	—	4	344	349
71	大悟县新四军第五师纪念馆	1	1	—	—	—	2	—	2
72	大悟县中原突围纪念馆	—	1	—	—	—	—	1	1
73	荆门市博物馆	389	1886	—	15	95	1561	604	2275
74	钟祥市博物馆	466	185	1	14	70	—	566	651
75	京山市博物馆	195	231	—	2	25	18	381	426

续表

序号	博物馆	瓷器类文物（件/套）	陶器类文物（件/套）	定级文物（件/套）				未定级文物（件/套）	合计（件/套）
				一级文物	二级文物	三级文物	一般文物		
76	鄂州市博物馆	5100	2861	22	355	2246	—	5338	7961
77	黄冈市博物馆	577	637	6	1	292	—	915	1214
78	李时珍纪念馆	133	31	—	—	—	—	164	164
79	武穴市博物馆	414	200	1	3	46	7	557	614
80	麻城市乘马会馆纪念馆	2	—	—	—	—	—	2	2
81	英山县博物馆	371	147	5	8	74	431	—	518
82	黄冈革命烈士陵园纪念馆	15	4	—	—	—	—	19	19
83	黄梅县博物馆	608	1018	3	11	36	—	1576	1626
84	黄冈市黄州区博物馆（李四光纪念馆）	126	77	1	—	57	87	58	203
85	麻城市革命博物馆	638	124	1	3	10	—	748	762
86	浠水县博物馆	611	206	2	10	28	—	777	817
87	蕲春县博物馆	1092	253	4	10	143	—	1188	1345
88	团风县博物馆	212	5	—	—	—	—	217	217
89	罗田县博物馆	224	251	—	6	99	—	370	475
90	红安县博物馆	204	118	—	2	5	—	315	322
91	红安县七里坪革命纪念馆	—	1	—	—	—	—	1	1
92	黄冈市民俗博物馆	36	103	—	—	—	—	139	139
93	咸宁市博物馆	184	384	—	4	15	549	—	568
94	赤壁市博物馆	317	790	1	4	21	859	222	1107
95	咸宁市咸安区博物馆	234	114	—	2	22	324	—	348
96	嘉鱼县博物馆	27	35	—	1	1	60	—	62

续表

序号	博物馆	瓷器类文物（件/套）	陶器类文物（件/套）	定级文物（件/套）				未定级文物（件/套）	合计（件/套）
				一级文物	二级文物	三级文物	一般文物		
97	通城县博物馆	207	164	—	5	3	363	—	371
98	崇阳县博物馆	101	31	2	3	9	118	—	132
99	通山县博物馆	216	22	—	4	3	—	231	238
100	随州市博物馆	160	2499	—	—	49	162	2448	2659
101	曾侯乙墓遗址博物馆	—	46	—	—	—	—	46	46
102	九口堰五师旧址纪念馆	—	1	—	—	—	—	1	1
103	随县博物馆（随县考古队）	33	54	—	—	—	4	83	87
104	广水市博物馆	96	205	—	1	25	88	187	301
105	恩施州博物馆	206	384	—	3	12	—	575	590
106	恩施市文物事业管理局	281	24	—	2	14	—	289	305
107	来凤县民族博物馆	15	19	—	—	6	—	28	34
108	鹤峰县博物馆	79	125	—	1	14	—	189	204
109	咸丰县民族博物馆	97	24	—	1	4	—	116	121
110	巴东县博物馆	1260	684	—	—	5	—	1939	1944
111	宣恩县文物事业管理局（宣恩县民族博物馆）	31	23	—	—	2	—	52	54
112	建始县文物管理局（建始县博物馆）	50	7	—	2	39	—	16	57
113	利川市文物事业管理局	13	2	—	1	3	—	11	15
114	仙桃市博物馆	239	137	2	2	47	323	2	376
115	潜江市博物馆	200	143	—	3	46	294	—	343

续表

序号	博物馆	瓷器类文物（件/套）	陶器类文物（件/套）	定级文物（件/套）				未定级文物（件/套）	合计（件/套）
				一级文物	二级文物	三级文物	一般文物		
116	潜江市曹禺祖居博物馆	79	8	—	—	—	—	87	87
117	天门市博物馆	158	478	2	7	41	516	70	636
118	神农架自然博物馆	1	6	—	1	—	1	5	7
119	中南民族大学	19	28	—	—	—	—	47	47
120	宋庆龄汉口旧居纪念馆	5	—	—	—	—	—	5	5
121	湖北大学	191	41	—	—	23	71	138	232
122	华中师范大学	340	80	—	1	55	240	124	420
123	中南财经政法大学	—	3	—	—	2	1	—	3
124	湖北警察史博物馆	12	2	—	—	1	—	13	14
125	武钢博物馆	1	—	—	—	—	—	1	1
126	武汉硚口民族工业博物馆	1	—	—	—	—	—	1	1
127	汉正街博物馆	7	2	—	—	—	—	9	9
128	黄麻起义和鄂豫皖苏区革命纪念馆	3	3	—	—	2	—	4	6
	合计（件/套）	43 468	78 797	229	1466	24 061	14 296	82 213	122 265

附录二
湖北省国有博物馆馆藏陶瓷类
文物调查表

填表人姓名：　　　　　　联系方式：　　　　　　　　　填表日期：

一、博物馆基本情况

文物收藏单位	
博物馆建设情况	□已经搬迁新馆　　　　　□未来三年内搬迁新馆 □没有搬迁新馆计划　　　□对旧馆进行升级改造或扩建

二、馆藏陶瓷类文物基本情况

馆藏陶器类文物数量		馆藏瓷器类文物数量	
馆藏陶器类文物展陈数量		馆藏瓷器类文物展陈数量	

三、陶瓷类文物保存情况

是否有陶瓷类文物专用库房	□是　　　　□否 （如有继续填右侧内容）	陶瓷类文物专用库房面积	
库房是否有环境监控系统	□是　　　　□否	库房是否有专人管理	□是　　□否
库房是否实现预防性保护	□部分　　　□全部　　　□正在申报　　　□否		
陶瓷类文物所用文物柜	□恒温恒湿专用储藏柜　　□铁质文物柜　　□木质文物柜 □文物架　（可多选） 如有其他方式请在此处填写：		
陶瓷类文物是否使用专用囊匣	□全部使用　　　□未使用　　　□部分使用　　　□定级文物使用 □已定制囊匣但未装匣（可多选）		

续表

陶瓷类文物 存放情况	陶瓷类文物 是否单独存放	□是　□否　□部分		定级陶瓷类文物 是否单独存放	□是　　□否
	分类存放情况	□全部分类存放　□部分分类存放　□全部未分类存放			
		□根据年代分类存放 □根据出土墓葬分类存放 □根据器型分类存放 □根据来源（考古、征集、收藏或来源不明确）分类存放（可多选） 如有其他方式请在此处填写：			

四、陶瓷类文物修复状况

是否有陶瓷类文物 专项修复项目	□是 □否 □正在申报	已经投入陶瓷类文物 专项修复项目经费情况 （单位：万元）	地方财政经费	
			省级财政经费	
			国家财政经费	
			总计	
陶瓷类文物 修复情况	通过文物保护 修复项目修复 的陶瓷类文物	总数量		
		定级文物 数量	一级陶瓷类 文物数量	
			二级陶瓷类 文物数量	
			三级陶瓷类 文物数量	
		一般陶瓷类 文物数量		
	计划待修复 陶瓷类文物	总数量		
		定级文物 数量	一级陶瓷类 文物数量	
			二级陶瓷类 文物数量	
			三级陶瓷类 文物数量	
		一般陶瓷类 文物数量		
是否有具备对陶瓷类文物进行基础性修复 （清洁、粘接、补缺、打磨）能力的人员	□是　　　　□否 （如有，请填写人名：　　　　）			

五、陶瓷类文物研究情况

是否有陶瓷类文物研究课题	□是 □否 （在"否"处打√后可不填写下方内容）	
	已完成的研究课题	
	进行中的研究课题	
	已申请的研究课题	

是否有已发表（出版）的陶瓷类文物相关论文（书籍）	□是 □否（在"否"处打√后可不填写下方内容）		
	论文数量		书籍数量
	已出版的陶瓷类文物相关书籍、图录及影像制品具体名称（注明作者、出版社及出版时间）		1. 2. 3.

六、陶瓷类文物展示利月情况

是否有陶瓷类文物专题展	□是 □否（在"否"处打√后可不填写下方内容）	
	专题展名称	展厅面积
	展厅是否实现预防性保护	□部分 □全部 □正在申报 □否
	是否运用多媒体等方式对陶瓷类文物进行展示	□是 □否
陶瓷类文物交流、合作展	是否有陶瓷类文物交流展	□是 □否 （在"否"处打√后可不填写下方内容）
	展览时间	□2010年之前 □2010 — 2015年之间 □2015年之后（可多选）
	是否与省外博物馆进行过交流	□是 □否
	是否与省内博物馆进行过交流	□是 □否
文创产品开发	是否已经开发或正在开发陶瓷类文物相关文创产品	□是 □否 | 开发产品类型、数量
	文创产品内容及开发时间	

附录三
图表清单

R 参考文献
eferences

［1］国家文物局第一次全国可移动文物普查工作办公室.第一次全国可移动文物普查专项调查报告[R].北京：文物出版社，2016.

［2］湖北省人民政府.湖北省情概况[EB/OL].(2019-04-24)[2019-10-14].http：//www.hubei.gov.cn/2018/local/2018gk/201810/t20181001_1348527.shtml.

［3］黄瑾，杨丽娜.习近平向国际博物馆高级别论坛致贺信[N/OL].人民日报，2016-11-11（01）[2019-10-15].http://cpc.people.com.cn/n1/2016/1111/c64094-28852061.html.

［4］王宏钧.中国博物馆学基础（修订本）[M].上海：上海古籍出版社，2001：38.

［5］中国硅酸盐学会.中国陶瓷史[M].北京：文物出版社，1982.

［6］方李莉.中国陶瓷史：上册[M].济南：齐鲁书社，2013.

［7］全国陶瓷标准化中心.日用瓷器：GB/T 3532—2009 [S].北京：中国标准出版社，2009.

［8］中国轻工业联合会.日用陶瓷分类：GB/T 5001—2018[S].北京：中国标准出版社，2018.

［9］吴诗池.文物学概论[M].上海：上海文艺出版社，2002：408.

［10］徐凯.浅谈中国炻器与英国炻器的异同[J].艺术工作，2018(3)：98-99.

［11］王建保，张茂林.重新审视中国古代陶与瓷之界定标准[N].中国文物报，2014-04-09（007）.

［12］赵辉.当今考古学的陶器研究[J].江汉考古，2019(1)：3-14.

［13］谢明良.陶瓷修补术的文化史[M].上海：上海书画出版社，2019.

［14］侯样祥."瓷"，凭什么你是"中国"?[J].贵州大学学报(艺术版)，2019，33(4)：1-20.

［15］权奎山，孟原召.古代陶瓷[M].北京：文物出版社，2008.

［16］中国社会科学院考古研究所.中国考古学·夏商卷[M].北京：中国社会科学出版社，
　　　2003：5.

［17］李奇.荆楚文库——湖北陶瓷[M].武汉：湖北科学技术出版社，2018.

［18］张昌倬.文物与考古基础知识[M].北京：高等教育出版社，2002：315.

［19］杭州市文物考古所，临安市文物馆.浙江临安五代吴越国康陵发掘简报[J].文物，
　　　2000（2）：4-34.

［20］河南省博物馆.河南安阳北齐范粹墓发掘简报[J].文物，1972（1）：47-86.

［21］内丘县文物保管所.河北省内丘县邢窑调查简报[J].文物，1987（9）：1-10.

［22］陕西省考古研究院，法门寺博物馆，宝鸡市文物局，等.法门寺考古发掘报告：上册
　　　[M].北京：文物出版社，2007：220-226.

［23］《中国古陶瓷图典》编辑委员会.中国古陶瓷图典[M].北京：文物出版社，1998.

［24］冯先铭.中国陶瓷（修订本）[M].上海：上海古籍出版社，2001.

［25］叶喆民.中国陶瓷史（增订版）[M].北京：生活·读书·新知三联书店，2011：99.

［26］权奎山.关于唐宋瓷器上的"官"和"新官"字款问题[C]//中国古陶瓷研究（第五
　　　辑）.北京：紫禁城出版社，1999：227-335.

［27］刘淼.对"尚食局"铭定瓷的一点思考[J].文物天地，2006（1）：73-74.

［28］肖振松.近代景德镇陶瓷史略[M].南昌：江西美术出版社，2017：8.

［29］襄樊市文物考古研究所.襄樊考古十年[M].武汉：湖北美术出版社，2006.

［30］于小玲，甘玲，申世放.重庆中国三峡博物馆藏文物选粹——瓷器[M].北京：文物出
　　　版社，2011.

［31］湖北省博物馆.湖北出土文物精粹[M].北京：文物出版社，2006.

［32］襄阳市博物馆，襄阳市文物考古研究所.三国遗韵——襄阳樊城大型三国墓出土文物
　　　[M].北京：科学出版社，2016.

［33］福建省文物局，福建省文物鉴定中心.玄之妙——福建宋元黑釉瓷[M].福州：福建美术出版社，2016.

［34］黄冈博物馆陈展工程建设指挥部办公室.大江东去——黄冈博物馆陈展工程纪实[M].武汉：湖北美术出版社，2012.

［35］刘治云.武汉市江夏区博物馆馆藏文物精选图集[M].武汉：武汉出版社，2017.

［36］倪毅.金玉默守——湖北蕲春明荆藩王墓珍宝[M].北京：中国书店，2016.

［37］刘庆平.年轮——武汉博物馆新馆开放十五周年纪念图集（2001—2016）[M].武汉：湖北教育出版社，2016.

［38］吴晓松.蕲春罗州城——2001年发掘报告[M].北京：科学出版社，2007.

P 后　记
ostscript

　　经过近两年的不懈努力，我们先后完成了"湖北省国有博物馆馆藏陶瓷类文物保护利用研究"课题的实施和《湖北省国有博物馆馆藏陶瓷文物保护及活化研究》一书的编撰工作，达到了全面掌握湖北省国有博物馆馆藏陶瓷类文物的分布状况、品种构成和病害特点，以及保管、保护、修复、活化利用等方面情况的目的，并在此基础上对湖北省国有博物馆馆藏陶瓷类文物的价值进行了分析和解读。这一系列成果可以为今后一段时间湖北省陶瓷类文物的保护利用工作起到指导作用，并为社会大众更深入地了解湖北省陶瓷类文物资源状况和参与其活化利用提供路径。

　　此课题的实施和书籍的编撰工作得到了原湖北省文化厅和湖北省文物局领导及各相关处室、湖北省文物交流信息中心领导班子的大力支持，得到了湖北省文物交流信息中心保护修复部和信息部、武汉理工大学艺术与设计学院、湖北工业大学艺术设计学院、反馈调查表的各家博物馆（包括实地调查的21家博物馆）的各位同仁们的积极配合，得到了省内多位知名陶瓷类文物研究专家、文物保护专家、考古专家的无私指导，在此表示衷心的感谢。

　　文物保护永远在路上！我们将以此课题取得的成果为契机，继续提高业务能力，深化相关工作，为湖北省国有博物馆馆藏陶瓷类文物得到更好的保护和更充分的利用而努力！

李　奇

2019年11月20日